こじらせない家族

アサーションとバウンダリーから学ぶ 正しい距離の保ち方

渡辺裕子
NPO法人日本家族関係・
人間関係サポート協会理事長

現代書館

はじめに　〜「家族リニューアル」の時代

　いま、この本を手に取ってくださっているあなたは、どのような家族のなかで育ち、どんな家族との日々を送っていらっしゃるのでしょうか？　ひょっとしたらいまは、一人暮らしかもしれませんね。また、血縁や戸籍上の関係にかかわらず、誰かとの間に親密な関係を築き、「家族」として暮らしている方も多くいらっしゃることでしょう。

　バブルがはじけ、低成長時代に突入してから、日本の家族は大きく様変わりをしました。誰もが「適齢期」には結婚し、2人から3人の子どもをもうけるのが普通とされた時代から、生涯独身で通す方、結婚しても子どもをもうけない夫婦も増え、ご承知のとおり、ここ数年、急激に出生数は減少しています（図1）。

　昭和の時代には、「男は外で働き、女は家事・育児」といった性的役割分業がいまよりずっと明確でしたが、令和の時代を迎えたいま、育児は母親の仕事ではなく両親で分かち合うものといった考え方がより一般的になってきました。「家族たるもの〜」、「夫・父親たるもの〜」、「妻・母親たるもの〜」といった家族規範は以前に比べれば人々の意識のなかから薄れつつあるように思います。

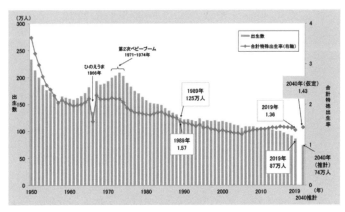

図1　出生数、合計特殊出生率の推移

出典：厚生労働省

　これまで、「良き家族を築かなければならない」、「良き親であらねばならない」といった世間の基準や常識に合わせ、適応するために四苦八苦してきた私たちでしたが、いまはむしろ「自分たちはどんな家族を、どんな夫婦、親子関係を築きたいのか」、「どんな家族でありたいのか」という自分たちの基準に沿って家族を築いていく、そんな時代を迎えています。「家族」というものはもはや一般に定義づけられるものではなく、実は一人ひとり異なった家族の定義があるという考え方が、より実感できる時代となりました。まさに「家族」リニューアルの時代です。

　新しい家族の在り方は、より自由で創造的です。世間体やしがらみに縛られることもありません。しかし一方で、

「世間の基準」ではなく、「自分たちの基準」を常に話し合って合意を形成しなければならないという「大変さ」があります。家族メンバーの意見がいつも一致するとは限らず、意見の対立や葛藤が生じる可能性も高いのです。そのときに、容易に家族という存在が崩れやすいのも現代の特徴です。

　「自分たち基準の家族」の創造は、とても魅力的で価値がありますが、反面、それはとても面倒で手のかかるものです。そして、どうやってそれを創造していけばよいのか、その方法を私たちは誰からも教わってはきませんでした。

　本書では、新しい時代の家族を築くために必要な能力を「家族関係リテラシー」と名づけました。核になるのは「人権」、「バウンダリー」、「関係性への注目」、「メタ認知」、「俯瞰」、そして「コミュニケーション」です。これらは、新婚期、子育て期から老後を過ごす時期まで、あらゆる家族に共通する要素です。

　本書には、これまでの家族との関わりのなかで、ほとんど意識することがなかった考え方がいろいろ出てくるので、戸惑われる方もいらっしゃるかもしれません。しかし、考えてみれば「家族は他人」です。だからこそ、よりていねいに、繊細に関係を見つめ、育む必要があるのではないでしょうか。本書は、これから家族をつくろうとする若い世代の方から、リタイア後のパートナーとの関係の再構築を

考える方まで、あらゆる世代の方々のお役に立てるものと思います。

　私は、「家族看護学」という分野で、30年余り家族支援に間接的・直接的に関わってきました。この間は、激変する日本の家族の姿を肌で感じてきた年月でした。現場の最前線で家族に関わる看護師から、「いったい家族とは何なんだろう？」という呟きを多く聞いてきました。

　そしていま、つくづく感じているのは、支援者自身が、旧来の、そして自己の家族イメージにとらわれず、千差万別、どれひとつとして同じものはない家族のあるがままを受け入れて歩むことの大切さです。そして、家族に病気や障害というアクシデントが発生してから関わるのではなく、より早期に、予防的に家族に関わることの重要性です。「生老病死」、どれも避けることはできないけれど、何があっても自分たちにとって最善の方策を話し合って見出していける家族づくりへのお手伝いが、いまこそ求められているような気がしてなりません。

　2022年、そんな思いからNPO日本家族関係・人間関係サポート協会を立ち上げ、「かぞくのがっこう®（以下、かぞくのがっこう）」を開講しました。本書は、多くの事例を用いて家族であることから生じるトラブルを紹介していますが、どれも実際に私がこれまで受けた相談をプライバシーに配慮して構成し直したものです。一人でも多くの皆さんと共有できたら幸いです。

なお、本書における「家族」という言葉は、血縁や戸籍上のつながりである「イエ」の「族」という考え方を超えて、非血縁、非親族を含めたその人が「家族」、あるいは「家族同然」だと考えるつながりを指しています。したがって、家族関係リテラシーも、血縁や戸籍上のつながりのみを指すものではありません。そのような意味で、可能な限り「夫婦」ではなく、「パートナー」と表記しました。本書が、読者の皆さんの「家族リニューアル」の一助になれたらと願っています。

2025年2月吉日
渡辺　裕子

こじらせない家族

アサーションと
バウンダリーから学ぶ
正しい距離の保ち方

目次

はじめに 〜「家族リニューアル」の時代 ……………………… 1

序章　私たちは家族について何も教えられてこなかった …………………… 11

もし家族について身近に学べる場所があったら
「家族のことは家族で」という日本のシステム
予防教育が大切なワケ
私たちはいったい何を学べばよいのか？

第1章　家族関係リテラシーとは何か ……………………… 31

家族関係リテラシーの定義と特徴
もうダメだ！　イライラが止まらない！
あなたとこの先やっていける気がしない
家族関係リテラシーを学んだ夫婦
伝えたいことと感情を分ける
家族は再生産装置
家族関係リテラシーは三重構造
家族関係リテラシーと人間関係リテラシー

第2章 家族からはじまる小さなデモクラシー……55

目には見えないさまざまな人権侵害

健全な家族関係の根っこは人権

フランス国民の人権意識

日本人の人権意識

「家にいるとつらい」という声が訴えていること

家族という密室空間での人権

アサーション、アサーション権

アサーション権とは自他尊重の自己表現の権利

アサーション権の源流は公民権運動

アサーション権を基盤とした家族のルール

個人の努力と社会からのプレッシャー

第3章 バウンダリーという魔法の境界……81

バウンダリーとは何か

バウンダリーの法則

バウンダリーに関わるトラブル

バウンダリーの特徴、4つのタイプ

バウンダリーがうまく機能しないとどうなるか

バウンダリーを大切にするということ

「バウンダリー」を家族の共通言語に

第4章 家族関係を見える化する ……… 117

家族関係の現状理解の前提
物語を理解し合うことの大切さ
人が悪いのではなく、関係性がマズイ
家族関係の現状理解に挑む

第5章 家族関係の肝はコミュニケーション ……… 155

なぜ家族間のコミュニケーションはこうもズレやすいのか
めざすは対等で共感的なコミュニケーション
コントロールも支配もしない親子関係
子どもと心を通わせるためにできること
家族間のコミュニケーションのカギは「感情」
自分の感情を粗末にしないこと
共感すべきはまず自分自身
ポリヴェーガル理論を取り入れ感情を整える
感情が身体を整える
感情をうまく伝えるために
感情を受け止め合うことの大切さ
感情を受け止め合うためにできること
対等で共感的なコミュニケーションのために

あとがき ……… 194

序章

私たちは家族について
何も教えられてこなかった

突然ですが、皆さんは、これまで「家族」について、どこで何を学んでいらっしゃいましたか？　もちろん大学や専門学校で、家族社会学や家族心理学、家政学等を履修された方もいらっしゃるでしょう。しかしそれ以外の多くの方は、「家族」についてまとまった学習を経験しないままいまに至っているのではないでしょうか。

　私はこれまで30年以上、大学や専門学校で看護を学ぶ学生たちに講義をしてきました。その冒頭で、「皆さんはこれまで家族について学んだことがありますか？」と尋ねることがよくあります。首を傾げながら、「家庭科でそれらしきことは少し……。調理実習や育児についての話はあったけれど、それが「家族」かというとちょっと……。あまり覚えていません」と多くの学生は答えます。

　実は日本では、小学校5、6年生から高等学校までの間、家庭科の授業では、家族学習がカリキュラムの一部になっています。しかし、それはひとえに「家族学習の重要性についての教師の認識」にかかっている[1]との指摘もあります。

　良い意味でも、悪い意味でも、個人の健康や幸せと分かちがたく結びついている家族という存在。生きていくうえで最も身近な存在である家族。それなのに、私たちの多くはほとんど何も学ぶことなく、いきなり実践の荒波のなかに身を投じてきたのです。

幼い頃、団地に住んでいた私は、あるとき母親と一緒に上の階に住むご夫婦の家に回覧版を届けに行きました。団地ですから、間取りはもちろん同じです。ところが、玄関に足を踏み入れたときから、そこは全くの別世界。それまで体験したことがないような甘く、わくわくするような香り。風に揺れるレースのカーテン、そして見たこともないようなフカフカの絨毯。「あら〜、いらっしゃい」と迎えてくれた優しい声の美しい女性。

　「えっ！　全然違う……！」

　そのときの私は、まるでちびまる子ちゃんのお顔にスダレが入ったような状態。

　衝撃を受けた私は、家に帰ってからも「どうしてうちは違うの？　ああいういのがいいのに……！」と、しばらく母を困らせた記憶があります。それまで自分の家、自分の家族が全世界、全宇宙だと思っていた私が、「よその家族、よその家庭」と出合い、実は「いろいろな家族があるんだ」ということを学んだ最初の記憶でした。

　そして時は流れ、夫婦や親子の問題について多くの方々と対話する機会をもつようになりました。

1）キャロル・A・ダーリン／ドーン・キャシディ／レイン・パウエル 著、倉元 綾子／黒川衣代 監訳、片田江綾子／泉光世 訳『家族生活教育　人の一生と家族』（288ページ）、南方新社、2019年

ある女性は、自分の実家では食事が終わったらすぐに食器を片づけ、テーブルにはものを置かないことをルールにしてきたのに、夫の実家では食事後の食器をなかなか片づけず、たわいもないおしゃべりが続くことにびっくり、そしてうんざり。またある男性は、妻の実家では令和のこの時代にも義父母が敬語で話し、何をするにも義父の意見が中心で堅苦しい雰囲気。息が詰まりそうだと話していました。

　他の家族の生活に一歩足を踏み入れるということは、まさに「異文化交流」、「未知との遭遇」。家族の多様性が強調されている昨今ではありますが、誰もが自分の家族のことしか知らずに成長し、それが「世の常識」だと信じ込んでしまうという危うさを抱えているのではないでしょうか。つまり、こと家族に関しては、誰もが相対化して考えることが難しいというハンディを抱えているということです。

　考えてみると、私たちがよく知っている家族とは、自分が生まれ育った家族、自分がつくった家族、パートナーが育った家族のせいぜい３家族くらいなものです。その限られたわずかな「データベース」を携えて、この変化の激しい時代の波を正面からかぶりながら生き抜いていかなければならないのが現状です。

もし家族について身近に学べる場所があったら
　皆さんも、これまでの人生のなかで、家族関係がギクシ

ャクするなどして悩んだり迷ったりしたことが一度や二度はあったのではないでしょうか。いえ、いま現在、悩みを抱えていらっしゃる方も多いことでしょう。「もっと予備知識があったら」、「誰かが前もって教えておいてくれたら」と感じたことはないですか？　必要だと感じたときに誰もが学べる社会のシステムとして、家族教育の場が存在していたら、どんなに心強いことでしょう。

　例えば、こんなふうに……。

　まゆみさんの住む街では、家族がたとえ困難な状況に置かれても何とか対処し、そこから回復していく力を高めるための学びの機会があります。現在まゆみさん自身は、子どもたちが巣立った後のパートナーとの関係をどのように立て直したらよいのか悩み、公民館の講座に通っています。そして役職定年を迎えたパートナーも、もう一度妻との関係を見直す必要を感じ、会社が主催するセミナーで学んでいます。まゆみさんにもパートナーにも小さな宿題が出るので、自然と二人の会話が増えています。

　まゆみさんの長女、まいさんは、現在妊娠6か月。初めての妊娠です。パートナーと同じ会社に勤めています。つわりもおさまり、体調は良くなってきましたが、出産後の子育てのことを考えると心配が募ります。育児

用品をあれこれそろえてはいますが、細かいことでパートナーと意見が異なり、衝突することが増えています。パートナーから「じゃ、好きにすればいいよ」と言われるたびに妙に悲しくなるのです。何となく二人の関係もギクシャクしてきました。そこでオンラインで出産前の夫婦関係講座を受けることにしました。オンラインなので、パートナーも受講する予定です。

　まゆみさんの次女のゆいさんには、交際しているパートナーがいます。結婚も考えていますが、本当に彼と、いま、結婚して良いのか、気持ちは揺れています。そもそも、いったいなぜ家族をつくるのか、結婚とは何なのか、結婚してやっていけるのか、自分たちは理解し合えているのか、考えはじめると、不安ばかりが募ります。そこで日曜日に開講している結婚前教育のコースをパートナーと受けることにしました。先週は、意見の対立が起こったときの対応についてワークをしました。こうしてひとつひとつの課題を乗り越えることで、二人の関係が深まっていくような気がします。

　まゆみさんの妹の美里さんには、小学校6年生と中学校2年生の息子たちがいます。最近、上の子が、ほとんど口をきかなくなってしまいました。バタンと部屋のドアを閉めて出てこなかったり、「うざい！」などと

乱暴な口をきき、ほぼ会話らしい会話が成り立ちません。「あの可愛かった、優しかった息子はどこに行ってしまったのか」と急激な変化に戸惑い、気分もふさぎます。そこで、子育て支援センターで開催されている講座を受けることにしました。まだ1回出席したばかりですが、他の参加者との対話でとにかく力づけられました。「ああ、息子だけじゃないんだ！」と。

　まゆみさんの長男、駿さんは、離婚に向けての話し合いを続けています。いま、一番気がかりなのは、7歳と5歳の子どもたちにどう離婚を伝えたらいいのか、そして離婚後の子育てをどうしたらいいのかということです。駿さんは、家庭裁判所から紹介された離婚講座の受講を決めました。出席しやすい夜間帯の開催なのも助かっています。専門家と離婚経験者の話を聞いて今後のことを考えたいと思っています。

　まゆみさんの姉の雅美さんは、同居の実母のことで頭の痛い日々を送っています。母親は「いま、さっき」の記憶が怪しくなっています。一日に何十回と同じことを聞き返され、食事をしてもしばらくすると「食べていない」と訴えられることに雅美さんはイライラが抑えられません。ついついつっけんどんな対応になってしまい、あとでなんて酷い娘だろうと罪悪感で落ち込みます。先

週、地域包括支援センターでセミナーが開催されると聞き、認知症のある高齢者との接し方について学びました。ロールプレイを用いたワークショップもあったので、とても実践的ですぐに試してみました。

いかがでしょうか？　ライフサイクルごとに家族には新たな課題が降りかかり、その都度家族は揺らぎを経験します。まさにそのとき、タイムリーに学べる場や参加者同士がつながる場が用意されていたとするならば、どれほど心強いことでしょう。しかしこうしたサービスがほぼ存在しないか、量・質の両面において不足しているのが日本の現状です。

「家族のことは家族で」という日本のシステム

世界人権宣言第16条3項（国連、1948年）では、「家族は、社会の自然かつ基礎的な集団単位であって、社会及び国の保護を受ける権利を有する」と規定されています。家族は保護を受ける権利主体であることから、同じアジア圏にある国々でも、「家族」を対象とした法律が存在し、家族に対する予防や教育的支援が行われています。

キャロル・A・ダーリン[2]らは、韓国、台湾、シンガポールなど、いくつかの国々の家族生活教育の現状を報告しています。それによると、韓国では、家族生活教育の内容は法律によって規定されており、結婚準備、親教育、家族倫理教育、家族生活における家族の価値の実現

に関する教育が含まれているそうです。台湾では、2003年に「家庭教育法」が承認され、各都市・郡に「家庭教育センター」が設立され、対象集団のニーズに応じて多様性・柔軟性・生涯学習の原則のもとに家庭教育が行われています。シンガポールにおいても、「社会・家族開発省」が法制定・政策策定、サービス提供を行い、家族に対するプログラムの開発を促しているとのことです。

なお、実は日本においても、2016年10月、自民党の取りまとめによって「家庭教育支援法案」が公表されました。同法案では、例えば第二条には、家庭教育は「父母その他の保護者の第一義的責任」のもとに「生活のために必要な習慣を身に着けさせる」こととあり、国家による私的領域への介入を懸念する声が上がりました。そしてこの法案の制定は見送られることになったのです[3]。国家があるべき家族の姿や個人の心がけを説くのではなく、国民一人ひとりが望む家族の実現を後押しするような家族生活教育の政策が望まれます。

さて、それでは日本は、家族の存在をどのように位置づけてきたのでしょうか。1979年、「日本型福祉社会」が自由民主党によって提唱されました。それは、「個人の自助

2) 前掲書（290-295ページ）
3) 本多真隆『「家庭」の誕生――理想と現実の歴史を追う』（307ページ）、ちくま新書、2023年

努力と家庭や近隣・地域社会との連携を基礎としつつ、効率のよい政府が適正な公的福祉を重点的に保障する」社会の在り方です。日本独自の福祉社会のありようとして、「小さくて効率的な政府」の堅持に努めたうえで、「民間の自助の精神と活力」を基調とし、「家族の相互扶助、民間活力の活用、ボランティアの推進」などを大きく打ち出すものでした（自由民主党研修叢書編集委員会、1979年）。「家族の相互扶助の推進」という意味は、乱暴な言い方かもしれませんが、「家族のことは家族でやってください。行政は関わりませんよ」ということを意味するものです。日本型福祉社会とは、企業と「家庭」の女性に依存するかたちで社会保障を安上がりにさせるシステム[4]であり、これによって、介護や育児などのケア労働を家族に依存することが明確に打ち出されたのでした。権丈[5]は、福祉を誰が担うかについて、アメリカは商品化＝市場化が最も進んだ市場依存型、スウェーデンでは脱商品化＝国家化が最も進んだ政府依存型なのに対して、日本は家族化＝私事化が最も進んだ家族依存型だとしています。

　つまり日本では、家族と言えば、「支援する対象」というよりも、ケア労働を丸投げする器としてとらえられてきたとも言えるでしょう。家族に依存し、行政は家族のことには立ち入らない、「家族のことは家族で」というのが、日本のシステムだと言えます。

予防教育が大切なワケ

　ここで、全米家族関係学会で紹介されている「ある寓話」をご紹介しましょう。全米家族関係学会（NCFR）は、アメリカで最も長い歴史をもつ家族に関する総合的な組織です。家族の研究・政策・実践に取り組んでいる専門職集団で、家族に関する幅広い情報を発信し続けています。その全米家族関係学会が、予防教育の必要性を以下の寓話を用いて問いかけています。

　昔むかし、激流が岩を洗う川のそばに村がありました。川岸には「危険」という警告がしてありましたが、人々はしばしば警告を無視し、川に落ちました。落ちた人は、おぼれたり、川下の滝に流されたりして、二度とその姿を見せることはありませんでした。村人たちはある計画を思いつきました。川の中に落ちた人を救うために、流れに沿って網を置きました。常勤の係員が雇われ、村人が川に流されていないかを見張り、川に落ちた人を引き上げて体を乾かしたり、救急車に乗せたりしました。川の縁近くには新しい病院が建設されました。これらすべての努力のおかげで亡くなる人は減りました。しかし、

4）前掲書（281ページ）
5）権丈善一『年金改革と積極的社会保障政策』140ページ、慶應義塾大学出版会、2004年

まだ多くの人がけがをしたり溺れたりしていました。

　村に移ってきたカップルが、何が起こっているかを見て、村人を救うためにもっと他に何かできないか、尋ねました（協働）。村人たちは［何か新しいことをやることに］反発しました。「良いシステムを開発した」、「すべての人を救うことはできないが事態は良くなっている」と説明しました。カップルはそれに満足せず、自ら行動を起こすことにしました。川の危険なところに沿って大きい柵を建設するのを助け（予防）、水泳教室を開いて、人々に岩場でボートを操る方法を教え（予防と教育）、救命胴衣を着けないで川に入るのは危険だということを村人たちに話しました（予防と教育）。やがて、川に落ちる人はだんだんと少なくなりました。落ちた人も何とか自分で脱出できるようになりました。」（原文のママ）

<small>（全米家族関係学会、National Council on Family　Relations, NCFR, n.d.a)
キャロル・A・ダーリン、ドーン・キャシディ、レイン・パウエル 著／倉元 綾子（監修）『家族生活教育　人の一生と家族第 3 版』南方新社、2019 年より</small>

　この寓話は、川に落ちた後の対応よりも、川に落ちないような対策や落ちた場合にも自力で脱出する方法を教えることの大切さを訴えかけています。家族の問題においても、全く同様です。例えば、長年夫からの DV に苦しんだ末に身体も心もボロボロになり、子どもを巻き込んだ末にやっ

と支援機関に辿り着くケースが後を絶ちませんが、当事者の方が口をそろえておっしゃるのは、もっと早く、結婚する前からパートナー間の暴力や支配、コントロールについて学びたかった、パートナーからのDVに巻き込まれない術を身につけたかったということです。また「良かれ」と思うあまりに子どもに過干渉した結果、親子関係が悪化し、カウンセリングにも通い何年も双方苦しんだという方がおっしゃるのも、もっと早く子どもの人権について理解を深め、親が立ち入るべきことと、親であっても立ち入るべきではないことの区別を知り、親と子の両者を尊重した関係性の作り方を子育て時代に学びたかったということです。

　残念なことに予防教育というよりも、すでに起こってしまった家族危機に対応することに、社会の人的・経済的資源が充当されているのが現状です。

　次ページの図は、強靱で健康な家族をめざす三つのアプローチについて示したものです。一つめは、これまでに述べてきた「家族生活教育」。家族が知識とスキルを身につけるのを助けるアプローチです。二つめは、「家族セラピー」。家族が家族の問題を修復し、うまく機能するのを助けるアプローチです。主に、家族療法家やカップルセラピーの専門家が、家族と面接を繰り返し、治療を担当します。そして三つめが、「家族ケース・マネジメント」です。ソーシャルワーカーが、その家族に必要な社会的資源を突き

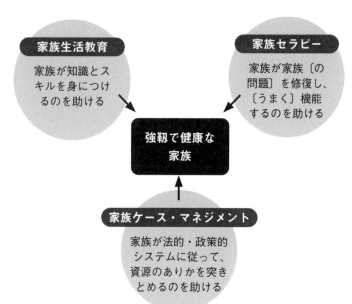

図　強靭で健康な家族のための三つのアプローチ
（出典『家族生活教育　人の一生と家族第3版』をもとに作成）

止め資源を活用できるように助けるアプローチです。

　この三つのうち、日本ではどれもが十分に行きわたっているとは言えない現状にありますが、特に一つめの家族生活教育はそのような言葉も概念も知られていません。

　以上、私たちは家族についていかに学んでこなかったのか、そして必要であるにもかかわらず、特に日本ではシステムも未整備で家族について学ぶ場が不足している現状に

ついて考えてきました。

パートナー間や親子の葛藤、子育ての悩み、児童虐待、DV、ヤングケアラー、不登校、8050など、家族関係にまつわる社会課題が多く存在します。「困ってからの対応」と同じくらい、もしくはそれ以上に「予防的・教育的」そして皆で学び合う「協働的アプローチ」が強く求められているのではないでしょうか。

私たちはいったい何を学べばよいのか？

それでは私たちはいったい何を学べばよいのでしょうか。さまざまな考え方があるのは承知で、現在私たち（NPO法人日本家族関係・人間関係サポート協会）が運営している「かぞくのがっこう」のカリキュラムをご紹介したいと思います。「かぞくのがっこう」とあえて平仮名表記にしたのは、いわゆる「家」の「族」と示される「家族」とは異なる在り方を追求したいと考えたからです。

カリキュラムは大別して、【基礎科目Ⅰ】、【基礎科目Ⅱ】、【基礎科目Ⅲ】の三つに分かれています。【基礎科目Ⅰ】は、家族関係リテラシーについての学びです。「家族関係リテラシー」とは、家族メンバーとの関係において、起こっている現象を適切に理解し、自分も相手も尊重する関係性を構築する能力を指し、「人権」や「バウンダリー」、「人間関係の成り立ち」、「コミュニケーション」などの学習が含まれます。

かぞくのがっこうカリキュラム

基礎科目Ⅰ：家族関係リテラシーとは何か
　基本的人権としてのアサーション権
　バウンダリーと自他尊重のためのコミュニケーション
　人間関係の成り立ち（人間関係見える化シート®）
　家族内のコミュニケーション

基礎科目Ⅱ：家族の法則
　社会の変化と家族の変容
　システムとしての家族／家族のコミュニケーション
　家族の病理／世代間の境界・連鎖／勢力構造
　ジェンダーと家族

基礎科目Ⅲ：家族の発達
　結婚とは何か？／パートナーシップの育て方
　親になるということ／子育ての原則
　中年期以降の夫婦関係／子どもの巣立ちと夫婦関係
　人生100年時代、家族とどう付き合うか

　また【基礎科目Ⅱ】は、家族の法則についての学びです。家族という存在を歴史的・社会的な側面からみつめる視点を提供し、家族というシステムの特徴や家族内の人間関係について理解を深めると同時に、ジェンダーについても学びます。

そして【基礎科目Ⅲ】では、家族の発達について考えます。より実践的な内容に踏み込みます。結婚準備教育や子育て教育を視野に、そもそも結婚とは何か、子育ての原則について理解を深めます。また、地域の市民講座においても需要の高い、子どもが自立した後の夫婦関係の在り方について考え、最後に人生100年時代の家族との向き合い方について扱います。

　「かぞくのがっこう」では、家族看護学、家族社会学、家族心理学等の知見を統合し、受講生の家族の理解を深めていきますが、そのなかでも最も本質的な学びとなるのが、【基礎科目Ⅰ】に相当し、本書で取り上げる「家族関係リテラシー」に関する学習です。

　次章以降、「家族関係リテラシー」について考えていきたいと思います。

序章のまとめ

1 　私たちの人生と分かちがたく結びついている家族という存在。生きていくうえで最も身近で大切な存在なのに、私たちはほとんど何も学ぶことなく、いきなり実践の荒波のなかに身を投じています。家族についてもっと豊かな情報と家族について安心して語り合える身近な場が必要です。

2 　アメリカそして近隣諸国でも、家族を支援する法律が制定され、家族生活教育サービスが実施されていますが、日本には家族を支援する法律が存在しません。

　日本では過去に「日本型福祉」が掲げられ、家族が、「支援し育てる対象」というよりも、「ケア労働を丸投げをする器」としてとらえられてきた経緯があります。

3 　全米家族関係学会が、予防教育の必要性をひとつの寓話を用いて問いかけています。日本では、「強靭で健康な家族」をめざすアプローチのうち、特に予防的、協働的なアプローチである「家族生活教育」は、そのような言葉も概念もほとんど知られていない現状にあります。

4 　私たちが家族について何を学ぶべきか、筆者らが開講している「かぞくのがっこう」の内容を例示しました。

ミニワーク

1 あなたはこれまで家族について、どこで何を学んできましたか？ 改めて家族とは何か、立ち止まって考えたことはあるでしょうか？ 振り返ってみましょう。

2 より健康で強い家族をつくる、あるいはめざすために、いま、あなたが知りたいことはどんなことでしょうか？ 考えてみましょう。

第 1 章

家族関係リテラシーとは何か

昨今、情報リテラシー、ITリテラシー、メディアリテラシー、金融リテラシーなど、「リテラシー」（literacy）という言葉を目にすることが多くなっています。リテラシーとは、本来は読み書きの能力を意味する言葉ですが、現在は「ある分野に関する知識やそれを活用する能力」として広く使われています。これだけリテラシーという言葉が一般的になっているならば、「家族関係リテラシー」という言葉があってもいいし、いまこそすべての人が知っておくべき事柄なのではないかと考えました。

　「ITリテラシーって大事よね」、「子どもたちにメディアリテラシーを教えたい」というのと全く同じように、「結婚する前に二人で家族関係リテラシーを学んだほうがいいよ」、「最近、私たち、家族関係リテラシーが育ってきたのを実感しない？」など、家族関係リテラシーという言葉が人々の生活のなかに組み込まれることを願っています。

家族関係リテラシーの定義と特徴
　家族関係リテラシーとは、「**家族メンバーとの関係において、起こっている現象を適切に理解し、自分も相手も尊重する関係性を構築する能力**」を指します。

　とても抽象的な表現なので、わかりにくいかもしれません。そこで、家族関係リテラシーとは何か、その特徴をいくつか挙げてみることにします。

①めざすは「自分も相手も尊重する関係性」

定義のなかにもありますが、家族関係リテラシーの核になっているのは、「自分も相手も尊重する関係性」です。

「あなたは、家族との生活において、何を一番大切にしていますか？」と質問すると、多くの方からは、「いつも笑顔の絶えない家族」、「波風の立たない穏やかな家族」といった答えが返ってきます。誰だってしかめっ面をしていがみ合っているよりも、穏やかに過ごせるほうが良いでしょう。いつももめごとが起こり、丁々発止とやり合うよりは、お互い笑顔で過ごせたほうが一見、楽なように思えます。しかし、「波風を立てないこと」、「（内面はともかく）穏やかに過ごすこと」が目的になってしまうと、自分を押し殺して生きるとても苦しい人生を自身に強いてしまうことになるのです。

「言っても仕方ない」、「どうせわかってもらえない」、「自分さえ我慢すればすべてはうまくいく」とばかりに無理やり自分を納得させたり、「良き夫、妻、親であらねばならない」と、本当の自分の気持ちに蓋をして周囲に過剰に適応し、心身のバランスを崩す人とこれまで実に多く出会ってきました。「家族とはこういうもの」、「母親／父親とはこうあるべき」という「家族規範」がいまだに強い日本の残念な特徴です。言うまでもなく、「自分さえ我慢すれば」などと決して自分を粗末に扱わないこと、つまりまずは自分を大事に扱うことが何より大切です。自分自身が

満足していること、幸せであることが、結局は他の家族メンバーにとっての幸せにもつながるからです。

しかし、自分を大切にするのみで他の家族メンバーを無視したり、メンバーに何の配慮もしないというのでは家族であり続ける意味が揺らいでしまいます。

家族関係リテラシーとは、「波風が立たない家族」をめざすものではなく、いつでも率直に話し合える家族を実現させるための能力です。表面的には平穏に見える家族というのではなく、たとえ何が起こったとしても、自分も相手も大切にするという精神のもとに話し合って解決していける、そんな家族をつくりあげるための能力、それが家族関係リテラシーです。

②家族関係で悩みを抱えたときに真価を発揮する

この能力は、特に家族メンバーとの間でモヤモヤが生じたり、悩み事を抱えたときにその真価を発揮します。

家族という集団には、家族メンバーや外部社会の変化の影響を受けて変化しながらも、常にバランスを保とうとする力が働きます。このバランスを保とうとする力を後押しするのが家族関係リテラシーです。どれほど仲が良い家族であっても、日常の揺らぎはつきものです。家族関係リテラシーを身につけていれば、揺らぎを感じたときにタイミングを逸することなく適切に対応することができるのです。つまり家族関係リテラシーは、家族全体のバランスを保と

うとして働く自己調整力でもあるのです。こうした調整力を身につけることによって、ささいな出来事が重大な問題に発展する予防にもつながります。

③理解を深め判断の枠組みを提供してくれる

「家族なのに、娘が何を考えているのかわからない」、「私なりに一生懸命やっているつもりなのに、夫には全く届かない」、あるいは、「親としてはとにかく心配。でも、いま、どこまで手を出したらいいのかわからない」。こんな悩みを抱える家族も多いのではないでしょうか。他人ならば冷静に判断できることも、距離の近さゆえに冷静でいられなくなって見誤ってしまう、それが家族というものです。

しかし、家族関係リテラシーを身につけることで、家族メンバーと自分との関係性をどう理解し、判断するのか、判断の枠組みをもつことができるようになります。そして、状況と少し距離を置いて客観的に物事をとらえることが可能になります。この枠組みについては後ほどくわしく述べますが、これは実は家族のみならずあらゆる人間関係に適用可能なのです。

④コミュニケーションのスキルが身につく

家族関係リテラシーを磨くことで、家族とのコミュニケーションスキルを身につけることができます。なぜなら、家族

関係リテラシーがめざす「自分も相手も尊重する関係性」を構築するためのカギは、家族メンバー間で交わされるコミュニケーションにあるからです。

　職場や学校でコミュニケーションに関する研修を受けても、いざ家庭という場ではそれが全く活かされていないということはありませんか？　「よそゆき」のコミュニケーションの定型文をいくら覚えても、一番大切な家族との間で効果を発揮できなければ、それはあまり役立つものとは言えません。家族関係リテラシーを意識することで、あなたの日々のちょっとした言葉のかけ方が確実に変化していくでしょう。

　家族関係リテラシーを身につけると家族関係がどのように変わるか、家族関係リテラシーについて、いくつかの特徴を述べてきました。それでは実際に、家族関係リテラシーを身につけることで何がどのように変わるのでしょうか。ある家族の例を紹介しましょう

もうダメだ！　イライラが止まらない！
　よしみさん一家は、フルタイムの営業職の夫と、3歳と8か月の男の子の4人家族です。よしみさんは商業施設の食品売り場のマネジャーとしてフルタイムで働いていましたが、現在、育児休暇を取っています。
　ある夏の日のこと、下の子（8か月）が体調を崩して、

終日ぐずってなかなか寝てくれません。あいにくお兄ちゃんも保育園が休園で、エネルギーを持て余し、「公園に行きたい」、「どこか行きたい」と、ずっとよしみさんの後を追いかけてきます。DVDやネット動画にも飽きてしまい、お兄ちゃんのイライラも止まりません。せっかく下の子が眠ったと思ってほっとしていると、お兄ちゃんが何かと弟にちょっかいを出し、そのたびごとに下の子を抱き上げ、ぐずり泣きに付き合うということが繰り返されていました。ついついイライラして、「ダメって言ったでしょ！ もう、何回言ったらわかるの！ 今日はどこにも行けないって言ってるでしょう」と、上の子にかける言葉もトゲトゲしくなってしまいました。ついにお兄ちゃんは、オモチャを手あたり次第に放り投げ、その物音でせっかく眠った下の子が目を覚まし、よしみさんはすっかり疲れ切ってしまいました。

　夕方陽が沈んでから、仕方なく下の子をバギーに乗せて近くの公園にお兄ちゃんを連れ出しました。お兄ちゃんは、汗まみれになって遊び出し、なかなか家に帰ろうとしません。

　結局、引きずるように連れて帰り、何とかお風呂に入れたところで、疲れたのかコックリ、コックリ。「ああ、もうごはん、作っていられない！」と思い、とりあえず冷凍庫にあったピラフを温めて、何とかお兄ちゃんの口に押し込み、半分眠った状態でも「歯磨きだけはさせな

きゃ」と思ったそのときに、夫が帰宅しました。

　この暑さのなか、一日中営業で外回りをしていた夫の卓也さんは、「疲れたー！」とネクタイを解きつつ、冷蔵庫に直行。ビールの缶を開け、ピラフの残りを見て言いました。「えっ？　今日の夕飯ってこれ？　まだ作ってないの？」

　そのときです。その一言によしみさんのなかから何とも言えない巨大な怒りの塊がわいてきました。「そうよ！　夕ご飯どころか、私はお昼もろくに食べてないのよ！　お兄ちゃんは言うこと聞かないし、この子はぐずってばかり。夕ご飯のことで文句があるなら、あなた明日からどうぞ替わってよ。仕事、仕事って、エラソーに言うけど、ハッキリ言って、私だって外で仕事していたほうがずっと楽なんだから！」

　よしみさんの剣幕に驚いた卓也さんは、「オレは、ただ夕飯はまだ作ってないのかって聞いただけだよ」、「そこまで言わなくてもいいだろう」、「勝手にヒステリー起こすなよ！」と応戦態勢となり、おまけにお兄ちゃんまでおびえた様子でよしみさんから離れなくなりました。「私、疲れたからもう寝る！」そう言ってドアを閉めると、しばらくして卓也さんが外に出ていく物音が聞こえました。「また飲みにいくんだろうな……」。そう思うと、よしみさんは情けないような悲しいような悔しいような、複雑な気持ちが押し寄せたのでした。

あなたとこの先やっていける気がしない

　喧嘩をしても、いつもは2〜3日もたてば普段の二人に戻るのですが、このときばかりはどうしたことか、ギクシャクしたまま時間ばかりが過ぎていきました。よしみさんは次第に、「この人とこの先、ずっとやっていけるのだろうか？」という漠然とした不安を感じるようになっていきました。仕事はしっかりこなし、経済的には大きな不満はありません。休日にはそこそこ子どもの相手もしてくれる夫ですが、「私たち、わかり合えていない」、「一番大切なことがわかってもらえていない」という心の隙間が次第に大きくなっていくのを感じていたのです。

　「このままでは、あなたとこの先、やっていける気がしない」

　諍いから1週間が過ぎた休日、ソファーでスマホをいじっている卓也さんによしみさんはこう告げました。夫はまさに晴天の霹靂という表情でよしみさんに向き直り、かろうじて「はぁ？　どういうことだよ」とつぶやいた後、憮然として、「ちょっと出かけてくる」とこわばった表情で出ていってしまいました。話し合おうとするといつも「出かけてくる」と背中を向ける夫を見送りながら、よしみさんは、「ああ、私たち、一番大切なことが話し合えない夫婦なんだなぁ」、「私がモヤモヤしてるのはこのことなんだ」と、このとき確信したのです。

家族関係リテラシーを学んだ夫婦
二人のルールづくり：感情や価値観を理解し合う

　よしみさんと卓也さんは、共同生活者として、人生の相棒として、「これだけは守りたい」というルールを話し合って決めることにしました。「ルールを決める」という発想自体がなく、結婚して４年以上が経つのに、何となくなし崩し的にこれまで過ごしてきたのだなぁと、二人はいまさらながら振り返りました。ルールを決めるといっても、いったい何ををルールとしたらいいのか最初は戸惑いました。そこで、お互いに相手や自分に対する「小さなリクエスト」を出し合うことにしたのです。

- 朝、「おはよう」と挨拶したら返事をしてほしい（よしみ）
- 何でも頭ごなしに否定しないでほしい（卓也）
- 言いたいことを最後まで言わないで、途中で「もういい」と言って出かけるのはやめてほしい（よしみ）
- 喧嘩した後のリカバリーをちゃんとやりたい（卓也）
- 子どもに八つ当たりしそうになるのをやめたい（よしみ）
- 実家のお母さんにグチをこぼすのは勘弁してほしい（卓也）

　実は、よしみさんの卓也さんへのリクエストはもっとた

くさんありました。日常の家事の手順から子どもへの接し方、片づけが苦手なことや実家の両親への接し方など、いちいち挙げれば数限りなく「リクエスト」は出てきます。しかしそれらをひとつひとつ取り上げていたら、ルールに縛られて首が回らなくなりそうです。それは卓也さんも同じことです。そこで二人は、たくさんのリクエストのなかから、「これは外せないもの」、「そうでもないもの」の仕分けを頭のなかでしながら話し合うことにしました。その後に残ったのが以下のようなものです。

　よしみさんと夫のルール
　①気持ちの良い朝の挨拶
　②喧嘩になっても OK、その後冷静になって話し合う
　③頭ごなしに否定しない。
　④言いたいことは最後まで言う、最後まで聴く
　⑤子どもに八つ当たりをしない
　⑥実家を巻き込まない

　これをはがきサイズの色紙に書いて小さな額に入れ、リビングと寝室にさりげなく置いています。半年ごとに見直して、新しくする予定です。
　たとえ子どもの世話をしている最中でも、朝食作りの途中でも、できるだけ一度軽く手を止めて挨拶をするようにしました。何だか他人行儀のようですが、一日のはじまり

にお互いへの敬意を示し、「今日も一日、チームでよろしくお願いします」という気持ちを伝え合う二人の儀式になっています。

　しかし、このルールどおりにいかないこともしばしばです。それでも、話し合ってルールを決めるプロセスが、お互いの感情や価値観を理解し合う大きなきっかけになったことは確かです。「ルールは破られるためにある」ということを前提に、うまくいかなければ新たな表現に何度でも変える。そんなつもりで、二人は続けることにしています。

　改めて考えてみると、職場にも、コミュニティの自治会にも、習い事のサークルにも、皆が守るべき「ルール」が存在します。ルールがないのは家族ぐらいかもしれません。ルールなんていうものがなくても回っていくのが「家族」だと思い込んできましたが、果たしてそうでしょうか。家族こそ、お互いの価値観やニーズをすり合わせ、言語化してみることをお勧めしたいと思います。

　なお、実際に「ルールを決めよう」と持ちかけても、相手が関心を示さなかったり億劫がって話し合えないこともあるでしょう。そんなときは、新たなルールを設定するというのではなく、「私たちがいま、大切にしていること、いままで大切にしてきたことって何だろう？」と投げかけてみるのも悪くはないかもしれません。例えば、「嘘はつかない」、「隠し事はしない」、「予定が変わったときは早め

に連絡する」。そうして互いの関係と生活を護るために大切にしていることを改めて確認し合えれば、普段は見過ごしがちな相手の貢献が見えてくるでしょう。互いに対する敬意があればこそ、二人の、家族のルールが意味あるものになるのです。前述したとおり、ルールについて話し合うプロセスこそが、お互いの感情や価値観を理解し合う大きなきっかけになるのです。

全体の関係性をみる客観的な視点
　よしみさんが家族関係リテラシーを学ぶなかで特に大切だと感じたのは、自分たち夫婦、そして子どもを含んだ自分たち家族の間で何が起こっているのかを客観的に考えてみる視点です。
　よしみさんは、何かストレスが振りかかったとき、意識しないでいるとそのストレスが家族のなかで連鎖を起こしてますます困難が増幅することを、改めて自覚しました。

　例えば先日も、

下の子の発熱
↓
上の子が外に出られずストレスがたまる
↓
私のワンオペ育児の負担が半端なく膨らむ

↓
夫に当たる、ぶつける
↓
夫が私にぶつけ返す
↓
私のストレスMAX
↓
子どもに当たる

というように、まるでビリヤードの玉突きのように反応が次々に連鎖していき、結局は子どもにそのストレスが向かっていました。これまで余裕がなく、なかなか家族全体を見回すことができなかったのです。

　一人ひとりは決して完璧ではなく、不完全な存在です。悪い連鎖を阻止するためには、夫婦でお互いにサポートし合うしかないこともよくわかりました。夫と話し合ってみて、ことの重要性に改めて気がつきました。よしみさんは、「自分ではどうしても気持ちがコントロールできなくなることがあるから、私がイライラしていたら声をかけて、玉突きを防いでほしい」と夫に依頼しました。
　例えば先日、よしみさんがお兄ちゃんに手を焼き、イライラしている様子を見た夫は、「交代しようか」と言って間に入ってくれました。子どもがぐずってもほとんど関心

を向けず、ゲームに夢中だった夫を思えば、ずいぶんと変わりました。これまでなら、よしみさんのイライラが頂天に達し、子どもは大泣き、大泣きする子どもを前に夫の機嫌も悪くなり、よしみさんはますますイライラ、そして子どもはますます泣く……という悪循環が生じていたことでしょう。

　まだまだ思いがけない「事故」は起こります、それでも、夫婦ともに相手の状況に目配りし、「大惨事」になる前にタイミングよく助け合えるようになったように思います。

伝えたいことと感情を分ける
　さらに、二人の間で交わされる言葉の内容も質もずいぶんと変化しました。

　よしみさんは、一度感情をぶつけると自分でもセーブできないことがあります。いまも時々、激しい言い合いになることもあります。しかし、たとえ感情的になって言い合いになったとしても、「ごめんなさい。言いすぎだったわ」、「悪かった、あの言い方はまずかった」と、互いに修正することができるようになりました。

　そして、感情をぶつけるのではなく、いったい自分は何を伝えたいのかを考えながら話をするようになったことも大きな変化です。できるだけ、相手のことではなく、自分がどう感じ、何をしてほしいのかを話すように心がけるようになりました。

例えば……。

「今日はめっちゃハードな一日で、実は私もまだお昼ご飯も食べてないの。だから15分休憩を取りたいの」

「もうヘトヘト。あなたも疲れているとは思うけど、絶賛ヘルプをお願いしたいわ」

「ああ、こんなに大変なら、仕事をしていたほうが楽だなぁって……これ私のいまのホンネ。聞いてくれてありがとう……」

これまでの感情だけを一方的に伝える話し方から、自分の気持ちを伝える話し方を意識するようになりました。

これまでは夫も、「オレは、ただ夕飯はまだ作ってないのかって聞いただけだよ」、「そこまで言わなくてもいいだろう」、「勝手にヒステリー起こすなよ！」と応戦していましたが、「夕飯は作ってないのかって聞いただけなんだけど、キミの言葉にビックリしたよ。一度落ち着こう。落ち着いて話そうよ」と、自分の感情とどうしてほしいのかを伝えるように努力しています。うまく言葉にならないことも多いのですが、夫が変わろうとしてくれていることが伝わってくるので、よしみさんさんはそれだけでとても満足です。少なくとも、夫が捨て台詞を残して家を出ていくことはなくなりました。

家族は再生産装置

　夫婦が互いの感情や価値観を理解し合ったうえで大切なルールを作り、家族全体の関係性を見る客観的な視点を手に入れ、コミュニケーションが変化したことで、確実によしみさんの家族関係は、よしみさんも夫も子どもたちもみな居心地が良く、お互いに支え合う関係性がより強くなりました。

　本当にこんなふうに変われるものだろうかと疑問に思う方もいらっしゃるでしょう。無理もありません。私たちは、こうしたことをほとんど教えられてこなかったのですから。妻は実家の母親から、「あんまりガミガミ言っちゃダメだよ」とたしなめられたり、「どこの家にもあることだよ」とその場しのぎの慰めを受けるのがせいぜいだったのではないでしょうか。夫は、こうした家族関係の悩みを相談する場もないうえに、「男は弱音を吐くな」、「男が愚痴を言ってどうする」という男性に向けられた規範意識ゆえに困難を表現することもできず、「ちょっと出てくる」という昔ながらの対処でやり過ごすしかない人も多いと思います。多くの場合はお手本も身近にはないのですから、夫婦関係が変化することについて、積極的なイメージがもてないのも当たり前かもしれません。

　家族には価値観や文化、生活のありようを下の世代に引き継ぎ、再生産していくという役割があります。例えば、「男は外、女は内」という伝統的な性的役割分業意識

も、家族のなかで世代を超えて再生産されてきました。しかし、時代は変わります。人として対等な関係の夫婦が、互いを尊重し合い、助け合って子どもを育て家族を形成するという姿を、いまこそ下の世代に伝えていくべきではないでしょうか。「変われるのだろうか？」というつぶやきを「変わる」と変化させることがその第一歩になるのです。

家族関係リテラシーは三重構造

　家族関係リテラシーは、どのような考え方や知識、スキルから成り立っているのか、これまで話してきた特徴を踏まえて考えてみたいと思います。次ページの図に家族関係リテラシーの構造を示しました。

　ハンバーガーに例えるならば、土台と蓋のバンズの部分にあたるのが「人権への理解と確信」であり、主役のパティを支えるレタスやキャベツ、トマトにあたるのが「現状理解」、そしてパティが「コミュニケーション力」といった構造になっています。何といっても、トッピングの野菜類や主役のパティを支え包み込むバンズがしっかりしていることがとても大切なのです。

　さて、土台と蓋のバンズから考えてみましょう。具体的には、「人権への理解と確信」を指しています。自分も相手も尊重する関係性を実現するためには、「自分にも相手にも、等しく人としての権利がある」、「その権利は、何をおいても尊重されなければならない」という深い理解が必

コミュニケーション力
現状理解
人権への理解と確信

要です。そして、頭で理解するだけではなくそのことを確信し、日々の生活と生き方の根底に置くといった姿勢が求められます。

そうした人権への理解と確信のもとに、家族関係に悩んだときに、「何が起こっているのか」、「このモヤモヤはどこから来るのか？」と問いかけ、現状をあえて分析的に考え理解する能力が求められます。具体的に言うと、①悩んでいる自分自身を見つめる（自己認識）、②相手の気持ちや考えを推察する（他者認識）、③いま、自分と相手との関係がどのようになっているのかを考える（関係性認識）といった三つの視点で現状を理解する能力が必要になるのです。このときに必要になるのが自己の認知の在り方をもう一人の自分がさらに認知するというメタ認知です。

さらにもうひとつ。人権への理解と確信、現状理解を基盤にしたうえで求められるのが、感情をコントロールし、適切にコミュニケーションを続けるスキルです。現状をどう変えていけばいいのかわかっても、肝心のコミュニケー

ションがうまくいかないというのでは、自他尊重の人間関係を実現させていくことは困難となるでしょう。

このように、人間関係リテラシーは、「人権への理解と確信」、「現状理解」、「コミュニケーション力」の三つの総体としてとらえられます。

家族関係リテラシーと人間関係リテラシー

「家族関係リテラシー」は、「人間関係リテラシー」の一部であり、基本構造は全く変わりません。家族以外の人間関係においても、お互いの人権への理解と確信を基本に、相手との間で何が起こっているのか現状を理解し、コミュニケーションや対話のスキルを駆使することで、自分も相手も尊重する関係性を実現していくことが大切です。そのような意味では、「家族関係リテラシー」は、「人間関係リテラシー」と読み替え可能です。

しかし「家族関係リテラシー」と「人間関係リテラシー」が全く同一かというと、そこには根本的な違いもあります。皆さんのなかで、職場での人間関係や友人関係では悩んだことはないのに、家族についてはなぜだか悩みが尽きないという方はいらっしゃいませんか？　それは、家族特有の難しさがあるからです。

ひとつには、前述したように、家族のこととなると途端に客観的に物事を見るのが難しくなります。家族を支援する立場のものでも、自分の家族の問題となると驚くほど無

力だったりもします。仕事上では、「本人の力を引き出す」、「本人の自己決定を大切にする」ということをモットーにしていても、自分の子どもには、「よかれと思って」過剰な尻ぬぐいをしたり、何でも親である自分が決めてしまったりという失敗をいともたやすく繰り返してしまうのが親子であり家族です。「私は私、あなたはあなた」という境界がつくりにくく、さらに、「これくらいのことは許されるだろう」、「このくらいのことは大目に見てもらえるだろう」という甘えが、問題をこじらせてしまうことも少なくありません。つまり、家族関係リテラシーで言うところの現状理解に特有の難しさがあるということです。

　したがって、人間関係リテラシーと家族関係リテラシーは、基本的な考え方や構造は同じであっても、家族関係リテラシーを発揮するにはこうした家族ならではの特徴を踏まえたアクションが求められると言えるでしょう。

第1章のまとめ

1 「家族関係リテラシー」とは、「家族メンバーとの関係において、起こっている現象を適切に理解し、自分も相手も尊重する関係性を構築する能力」を指します。

2 「家族関係リテラシー」には、以下の特徴があります。
①自分も相手も尊重する関係性をめざす
②家族関係で悩みを抱えたときに真価を発揮する
③家族メンバーへの理解を深め判断の枠組みを提供してくれる
④家族とのコミュニケーション、対話のスキルが身につく

3 家族関係リテラシーを身につけると家族関係がどのように変わるかを、子育て中のよしみさん一家の例で紹介しました。それは、家族のルールを決めて実行し、全体の関係性を見る視点を手に入れ、コミュニケーションが変化したことでもたらされました。

4 　家族関係リテラシーをハンバーガーに例えると、土台と上部にあるバンズの部分は、【人権への理解と確信】に相当し、主役のパティを支えるレタスやキャベツ、トマトにあたるのが【現状理解】そしてパティが【コミュニケーション力】といった構造になっています。

5 　家族関係リテラシーは、人間関係リテラシーと読み替え可能ですが、家族のこととなると途端に客観的に物事を見ることのハードルが上がり、現状理解が難しくなるという家族ならではの特徴を意識することが大切です。

ミニワーク

1 「家族関係リテラシー」について、あなたはどんな印象をもちましたか? いま感じていることを書き出してみましょう。

2 家族関係リテラシーについて、家族の誰かとおしゃべりしてみましょう。
　きっと、より健康な家族をつくるひとつのきっかけになると思います。

3 よしみさんと卓也さん夫婦を参考に、あなたの家族(パートナー同士)のルールについて話し合ってみましょう。

第2章

家族からはじまる小さなデモクラシー

目には見えないさまざまな人権侵害

「家族からはじまる小さなデモクラシー」。これは、1994年、国連の定めた「国際家族年」のスローガンです。国際家族年が制定された最大の目的は、激変している家族関係のなかで、最も弱い立場にある子どもや女性、高齢者や障がい者の人権を守っていくこと[1]にありました。家族のなかで一人ひとりの人権をどう護っていくかは、少なくとも30年以上前からの国際的な課題だったのです。そして、現在の日本。家族を支える社会的な支援が十分とは言えない日本においては、パートナー間においても、親子間においても、ごく日常的に大小さまざまな人権侵害が繰り返されているのではないでしょうか。

健全な家族関係の根っこは人権

第1章において、家族関係リテラシー、すなわち「**家族メンバーとの関係において、起こっている現象を適切に理解し、自分も相手も尊重する関係性を構築する能力**」を身につけるには、「自分にも相手にも、等しく人としての権利がある」、「その権利は、何をおいても尊重されなければならない」という深い理解が必要だと述べました。そして、頭で理解するだけではなく、そのことを確信し、生き方の根底に置くといった姿勢が求められるとも書きました。つまり、自他の「人権」を大切にし、護り合うことが、より良い家族関係を保つための根っこになるのです。

フランス国民の人権意識

　実は最近、私にとっては本当に衝撃的な事実を知りました。フランスの裁判所においては、裁判に０歳児も呼ばれ、裁判官は赤ちゃんにも直接話をするそうです。どんなに小さくても年齢に応じた言葉で子どもに直接説明する[2]とのこと。それは、幼くとも、「子どもを意思ある人間として尊重する」、「子どもは大人と全く平等である」そして「人権」、すなわち「説明を受ける権利」があるという考え方が、徹底されていることの現れです。「子どもは親の所有物ではなく、一個の意思をもった人間」という考え方が、あらゆる場、あらゆる機会に浸透していることに衝撃を受けたのでした。

　フランスでは、かつて自国が植民地支配、すなわち幾多の人権侵害を続けていた国から多くの移民を迎え入れています。さまざまな宗教的背景をもつ異なった人種の人々が、ともに暮らすなかで共存し、お互いの幸せを実現させるためには、「人権尊重」という基本的ルールを日々意識し徹底することが必要不可欠になるのです。

---

1) 世界人権宣言　中央実行委員会編『家族と人権　国際家族年に考える』（3ページ）、解放出版社、1994年
2) 安發明子『一人ひとりに届ける福祉が支えるフランスの子どもの育ちと家族』（64ページ）、かもがわ出版、2023年

日本人の人権意識

翻って、日本に住む私たち。日常生活のなかに、「人権」という考え方や概念をどれほど落とし込んできたでしょうか？ もともと日本では、「家庭」とは、母親中心の子育ての場であり、いたずらに「個人」の権利を唱えることのない情緒的な空間[3]だとみなされてきました。そしてこのような在り方こそが、日本の「伝統的な家族観」なのです。こうした土壌のなかで育った私たちは、「人権」とは、障がいのある方や移民・難民、性的搾取を受ける女性など、ある特別な人の問題であり、自分自身とは関係がないとばかりに切り離して考えてはいないでしょうか。家族や友人と一緒に過ごす時間に、「人権」についてディスカッションしたことはありますか。むしろ「人権」という言葉を出すと、「そんな難しいことは……」と身構えられてしまうので、話題にもしにくいのではないでしょうか。

実は、日本の人権にかかわる状況は、後進国レベル[4]とも言われています。国家レベルでこのような残念な状況ということは、各家庭での人権意識もまた推して知るべしといったところでしょう。

「家にいるとつらい」という声が訴えていること

いきなりですが、NHKの福祉情報総合サイト「ハートネット」に、「家にいるとつらい」という10代〜20代の若者の声が多数寄せられている[5]のをご存じでしょうか。

そこには、こんな言葉が並んでいます。
・両親に意見を言っても反論が返ってくるばかりで取り合ってもらえない。
・相談しても、全く共感してもらえず、結局説教ばかり。
・親のグチばかり聞かされてうんざり。毎日つらい。
・何を言っても怒られるので、もう、何を言ったらいのかわからない。
・父親と母親の仲が悪くいつも不穏な空気。何を言っても「黙ってろ」と言われるので何も言えない。逃げ場がない。
・母親がきょうだいの受験でピリついてイライラ。とばっちりが自分に向いてこないように息を殺して生きている。もう勘弁してほしい。

そして多くは、「行くところもない」、「逃げ場がない」という深刻な嘆きとともに投稿されています。
これは寄せられた声のごくごく一部ですが、「家では言いたいことが言えない」、「言っても否定されるばかりで聞いてもらえない」という切実な声にしっかりと耳を傾けた

3）本多真隆『「家庭」の誕生―理想と現実の歴史を追う』（12ページ）ちくま新書、2023年
4）「日本の人権状況は「後進国レベル」 辻村みよ子さんが背景を解説」、朝日新聞デジタル、2023年2月1日
5）NHKの福祉情報総合サイト：https://heart-net.nhk.or.jp/heart/voice/category/topics/15_7/index.html

いと思います。私たちが家族や家庭に期待しているのは、「安らぎの場」であるはず。しかし現実には、日々人権が脅かされるようなことが繰り返し起こっているのです。家族は社会の縮図とも言われていますが、私たちは、まず自分の家族の人権についてもっと目を向けるべきではないでしょうか。

家族という密室空間での人権

さて、ここで改めて「人権」について考えてみたいと思います。

法務省によれば、「人権とは、すべての人間が、人間の尊厳に基づいて持っている固有の権利である。人権は、社会を構成するすべての人々が個人としての生存と自由を確保し、社会において幸福な生活を営むために、欠かすことのできない権利であるが、それは人間固有の尊厳に由来する。」（法務省HP）と定義されています。つまり、人権とは、すべての人の尊厳を護るために不可欠なものであり、生存と自由、幸福な生活を営むために欠かすことのできない条件ということになるでしょう。この「人権」は、すべての国、すべての地域、性別や年齢、障がいのある・なしにかかわらず、すべての人が生まれながらにしてもっているものであり、お互いの人権を護ることは、例外なくすべての人に求められる行動規範です。もちろん、パートナー間や親子においてもです。しかし、家族関係というのは、

他の人間関係と比べても、暴力や支配の関係に転化していくリスクが高い[6]ことが知られており、人権侵害が起こりやすいのが、「家族」、「家庭」という密室の空間なのです。

さて、家族内での人権侵害というと、配偶者間の暴力(DV)や児童虐待、家族介護者による高齢者虐待などが浮かびます。しかし、明確に「虐待」と名づけられるものばかりではなく、実は誰もが無意識のうちに相手の人権を侵害してしまうことが、ごく日常的に起こっているのではないでしょうか。また、相手の人権を侵害するばかりではなく、自分自身の人権を自分で蔑ろにしてしまうことも少なくないと思われます。

ここでは、法令に反する犯罪行為というのではなく、人権尊重の精神に背く行為を広く人権侵害ととらえることにします。そして、特に「アサーション」や「アサーション権」[7]に焦点を当てて家族と人権について考えたいと思います。

アサーション、アサーション権

アサーションについては、学校や企業内研修、市町村主

---

6) 阪井裕一郎『結婚の社会学』(133ページ)、ちくま新書、2024年
7) 平木典子『三訂版　アサーショントレーニング　さわやかな〈自己表現〉のために』(85-105ページ)、日精研、2021年

催の講演会でも広く取り上げられています。皆さんのなかにも、一度は学んだり、言葉を目にしたことがある方が多くいらっしゃると思います。

　アサーション[8]とは、「**自分の権利のために立ち上がり同時に相手の権利も大切にする自己表現**」を指します。皆さんは、自分の権利のために立ち上がったことがありますか？

　先にご紹介した10代、20代の方々は、立ち向かおうにも経済力もないか不十分で、他に行くあてもないという厳しい状況に置かれています。「立ち向かえ」と言うのは、あまりにも酷というものでしょう。家庭で人権侵害を受けていても、立ち向かうことができない方々の存在を忘れてはならないでしょう。

　しかしこうした一方で、私たち日本人は、過去においては、「和をもって貴しとなす」と教えられ、自分の権利を主張することはむしろみっともないこと、さもしいことだとさえ教えられてきました。また、家庭のなかでは特に女性は、「つつましく夫を立てる」のが良しとされてきた時代もありました。令和の時代に、それを信条とする人はごくごく少数だと思われますが、家族との日常生活のある出来事、あるヒトコマにおいて、「これは自分の権利の侵害だ」と認識し、自分の権利のために毅然と立ち向かうという経験を培ってこなかったのではないでしょうか。「そこまで波風立てなくてもいいか」、「むしろ面倒くさい」と、

その都度やり過ごし、自分の権利をいともたやすく放棄して自分で自分の価値をおとしめることに手を貸してしまっているのかもしれません。しかし、波風を立てたくないと自分の気持ちを抑え込んでしまったけれど、「あのとき、ちゃんと自分の気持ちを言えばよかったな」と、後々後悔することはありませんか？ モヤモヤした気分が尾を引いたことはありませんか？ それは、誰もが平等にもっている自分の権利のために立ち向かい自己表現する権利を、ほかならない自分自身が行使しなかったことによる後悔や違和感だと考えられます。

　そして、家族メンバーの誰かとの間で葛藤や行き違いが起こったときに、互いのことを理解し話し合うためには、自分の権利のために立ち向かうと同時に相手の権利も大切にする自他尊重の自己表現、すなわちアサーションが極めて重要となります。そして自分の権利を大切にすることと、他者の権利を大切にすることは、実はつながっているのです。自分の権利を大切にするからこそ、相手の権利にも敏感になり、認め、大切にすることができるのです。逆に言えば、自分の権利が侵害されてきた、あるいは侵害されていると、「私だって我慢してきたのだから」という気持ちが勝り、他者の権利を大切にすることができなくなってしまうのです。

8）前掲書（19-35 ページ）

アサーション権とは自他尊重の自己表現の権利

　アサーション権とは、自他尊重の自己表現の権利のことです。言い換えれば、「相手の権利を侵さない限り、自己表現をしてもよい」という意味になります。逆に、家族の誰かの意思や要求を表現する機会を奪ったり、表現を抑制することは、権利の侵害につながります。したがって、家族内でも、特に意思や要求を表現する機会が奪われそうなときには、子どもも大人も、高齢者も、誰もが「自分の意見を聞いてほしい」と要求することができます。そして、自分の意見も他の人の意見と同じくらい大切にしてほしいと表明することは、とても全うなことです。相手も自分もアサーション権を理解していれば、たとえ表現を抑制されるようなことがあって一方が抗議したとしても、その主張はひとつの権利として受け入れられ、お互いの要求をすり合わせて建設的に話し合うことができるでしょう。

　なお、アサーション権の意味は、「表明してもよい」ということであり、「表明しなさい」と誰かから強要されたり、「表明しなければならない」と義務づけられたり、ましてや「なぜ言わない」と叱責されるようなものではありません。そして、権利ではあっても、必ずしもそれが常に保障されているわけではありません。家族メンバーが互いに、自他の権利を守ろうとする努力によって、アサーション権が護られる家族の土壌が熟成されていくのです。

アサーション権の源流は公民権運動

「アサーション権」をより理解するために、アサーション権の源流についてご紹介したいと思います。アサーションの発祥の地は北米です。その考え方と技法は、1950年代に行動療法と呼ばれる心理療法のなかで開発されました[9]。その後、1970年代に多くの人に知られるようになりましたが、その背景には、アメリカの公民権運動があると言われています。アサーション権は、人種差別や女性差別で苦しんできた人々の、「自分たちの存在を尊重してほしい」、「自分たちの基本的人権を護り、自分たちの思いをきちんと主張して暴力のない平等な社会を生きていきたい」という願いを後押しし、人種差別撤廃の運動や女性差別撤廃の運動等の支えとなってきたと言われています。

つまりアサーションやアサーション権は、単なる自己表現の方法というだけではなく、人間の価値や平等に関わる考え方として、そして人権問題に対する考え方として注目されるようになったのです。

北米というと少し遠くに感じる方もいらっしゃるかもしれません。しかし、この現代の日本の家族においても、多かれ少なかれ、一人ひとりの声が聞き届けられないといった同じような問題が起こっています。「家族関係リテラシ

---

9) 前掲書（78ページ）

ー」の構成要素のなかで「アサーション権」を取り上げたのは、家族内において、家族メンバー間の対等な関係性を構築しようとするときに、この「アサーション権」という考え方がとても重要になるからです。

　アサーション権は、「頭では理解できても、いまひとつピンとこない」という感想をもたれる方もいらっしゃるかもしれません。アサーション権と人権回復運動とを結びつけて考えることで、その本質が見えてきます。家族メンバー一人ひとりが、自分の生を享受し、自分らしく生きる権利が護られる家族、その土壌を育むためには、すべてのメンバーが、自分にも相手にもある「アサーション権」の意味や意義について、揺らぎのない確信をもつことが求められています。

　さて、ここからは、代表的なアサーション権を取り上げ、それを家族の生活に落とし込み、家族のルールとしてどう活かしていったら良いのかを考えてみたいと思います。

アサーション権を基盤とした家族のルール
1）自分も他者も、一人ひとりを尊重し大切にし合う
　「私たちは、誰からも尊敬され、大切にしてもらう権利がある」。これは、誰にも認められている代表的なアサーション権です。すべての人は、それぞれに気持ちや考え、意見、価値観をもつ存在であり、それは**他者の権利を侵害**

しない限りにおいて尊重されるべきであり、誰からも侵されることはないという考え方です。家族メンバー一人ひとりには、自分の欲求や希望を述べる権利があり、他のメンバーと同じくらい大切にしてほしいと主張して良いのです。

　しかし実際には、何か言おうものなら、「オマエは黙ってろ！」と怒鳴られたり、「子どもは黙ってればいいんだ！」と聞く耳をもたない親の元で育った方もいらっしゃるのではないでしょうか。ひたすら家族の皆が力の強い者（おもに親）の機嫌とりに神経をすり減らし、自分の人権が侵害されていることに気づく余地もない。こうした体験は決してめずらしいことではないと思います。

　かくいう私にも、耳の痛くなるようなエピソードがたくさんあります。それは子育て時代のこと。その頃の私は、フルタイムの仕事しながらわんぱく盛りの息子たちの育児に奮闘し、全く余裕のない日々を過ごしていました。そんなとき、子どもたちに、こんな言葉を何の迷いも、反省もなく、連発していたのです。

「ちょっと、お兄ちゃんは黙ってて！」
「ヤダー、もう何でそんなこと言うの。そんなこと言わないの！」
「そんなこと言うと、もう連れてこないよ！」

　息子たちには息子たちなりの気持ちや考えがあったことでしょう。それを私は、何のためらいもなく抑えつけ、向き合おうともしませんでした。どこかに、「子どもの言う

ことなんかたいしたことではない」という驕りがあったのだと思います。そして何より、自分自身にも向き合おうとしていませんでした。日々の生活を回していくことに精いっぱい。いろいろ思うことや考えることはあっても、面倒な自分自身に付き合っていたら足がすくんで先に進めない。そう思い込んで蓋をし、自分自身を粗末に扱ってきました。自分を粗末に扱っている人が、どうして周囲の人を大切にすることができるのかと、いまならそう思えます。つまり、自分の人権を尊重することができなかった私は、子どもの人権も大切にできなかったのです。

　自分も他者も、子どもも大人も、家族メンバーはそれぞれに異なる気持ちや考え、意見、価値観をもつ存在であり、それは尊重されなければならないという大原則。しかし、それを実際の家族生活のなかで徹底するのは、たやすいことではありません。だからこそ、家族メンバーの誰もが意識し、常に振り返って姿勢を立て直すことが必要ではないでしょうか。前述したように、家族は、価値観や文化、生活スタイルの再生産装置でもあります。これからを生きる子どもたちに、本当の意味で人権が護られるこれからの家族のかたちを伝えていきたいものです。

2) 自分の行動を決めそれに責任をもつ権利があることを認め合う

　これは、アサーション権のひとつである「誰もが、他人

の期待に応えるかどうかなど、自分の行動を決め、それを表現し、その結果について責任をもつ権利」がベースになっています。「自分で決める権利」と「責任をもつ権利」がセットになっており、私たちには自分の人生に対する最終的判断権があることを示しています。自分で決め、その結果に責任を負っても良いというものです。

　この権利を最初に聞いたとき、私のなかに正直多少の違和感がありました。「自分で決めて自分で責任をもつ」、至極当たり前のように聞こえるのですが、「自分で決めたんだから、自分で責任をもってね（私は知らない）」という、どこか冷たいニュアンスを感じたからです。しかしこの権利は、他者から押しつけられた義務ではなく、むしろ自分のものとして行使することが推奨されています。

　例えば、ある日、友人からあるコンサートのチケットが手に入ったという知らせがあったとしましょう。もう何年も前から一度は行ってみたいと思っていた憧れのミュージシャンのコンサートです。チケットがなかなか取れないなか、なんてラッキーだろうと胸を弾ませていました。ところがです。数日後に、夫の両親から、所要があり近くまで行くので立ち寄りたいと連絡がきたのです。遠方に住む夫の両親が訪ねてくるのは数年ぶりのことであり、しかも日にちの変更は難しいとのことです。夢にまで見たコンサートには行きたい。でも、夫の両親にも会いたいし、何より夫や義父母をがっかりさせたくない。心は千々に乱れます。

迷ったあげく、あなたは、「コンサートに行く」と決めたとしましょう。行くと決めた以上は、夫や夫の両親にも説明し、納得してもらうための最善の努力をする必要があります。そして、「私たちは誰もが、他人の期待に応えるかどうかなど、自分の行動を決め、それを表現し、その結果について責任をもつ権利」があるのですから、あなたは100パーセント楽しんでコンサートを堪能すれば良いのです。後になって、後悔したり自分を責めたりするのは、自分の決定に対する責任をあやふやにすることになります。また、もしもコンサートに「行かない」と決めたのなら、それはあなたが決めたことで、夫や夫の両親の責任ではないのは明らかです。「〇〇のせいで……」などと相手のせいにするのは、「結果に責任をもつ権利」を放棄していることになります。どちらにせよあなたは、誰かのせいにしたり自分を責めたりせずに自分で決めたことの責任を引き受けることができるのです。

　一方、家族の立場からこのエピソードを考えてみましょう。あなたが夫だとしたら、この権利をどのように理解し、関われば、妻の人権も自分の人権も尊重することになるのでしょうか。例えばあなたが妻に、できればコンサートに行かずに両親を自宅で迎えてもらいたいと希望しているとしましょう。あなたの気持ちは大切なあなたの希望ですから、押し殺すことはせず、妻に伝えたいですね。その際に妻を非難したり指示命令、あるいは強く説得するような口

調はNGです。自分の意見を伝えることの了解を得たうえで、自分にはこんな希望、こんなプランがあると伝え、妻の気持ちも大切に受け止めつつ対話することが大切です。そして、最終的にそれを受け入れるかどうかは妻に決定権があります。妻が決定した後での非難、文句、嫌味、恫喝などは人権侵害につながります。

　家庭内では、誰かの決定は、その人だけの問題ではなく、他の家族メンバーにもさまざまな影響を及ぼします。だからこそ、互いの人権を傷つけないよう配慮しながら、幾重にも話し合うことが不可欠です。そしてひとたび決定したら、誰かのせいにしたりせず、決定したことをしっかりと自分で引き受けること、また周囲の人も、相手には自分の行動を決める権利があり、相手を変えることはできないのだと納得し、受け入れることが大切です。

3) 失敗し、失敗から学ぶ権利を保障し合う

　アサーション権のなかで代表的なものに、「人間である権利」、「ヒューマン・エラーの権利」というものがあります。それは、「私たちは誰でも過ちをし、それに責任をもつ権利がある」という考え方です。

　私たち人間は、完璧ではなく、生きていくうえで失敗や過ちはつきものです。家族の生活のなかでも、親も子も、夫も妻もさまざまな失敗を重ねながら、人として家族とし

て成長を遂げていきます。ここで大切なのは、「過ちに対して責任をもつ権利」ということです。「過ちに対して責任をもつ義務」ではなく、「権利」というのはどのようなことでしょうか？

　例えば、子どもが家族皆に迷惑をかけるようなことを引き起こしたとしましょう。子どもなりに家族に責任をとる義務があると考えると、謝罪を促し何とか義務を果たさせようとするでしょう。一方、「過ちに対して責任をもつ権利」があると考えると、その子どもが今回の失敗をどう受け止め、どうしたらリカバリーできるのか、繰り返さないためにどうしたらよいのか、子ども自身がじっくりと考えることで、自分が招いた失敗に対して責任を果たせるよう配慮するでしょう。こうして過ちに対して責任をもつことで、子どもは、その体験から学ぶことができるのです。

　「失敗から学ぶ権利」と言い換えて良いかもしれません。しかしこのことは、とても大切であるにもかかわらず、侵害されることが多いのです。

　例えば、子どもが「このままではいじめられてしまうのではないか」、「勉強についていけなくなるのではないか」と、たいそう不安になったという母親の話を聞く機会がありました。その母親は不安でたまらず、宿題はほぼ付きっ切り、翌朝の持ち物も忘れ物がないように全部そろえ、遅刻しないように学校の門の近くまで車で送る念の入れよう。それでも忘れ物があれば、必ず学校まで届け、口に入れる

ものはすべて管理し、仲間外れにならないように誕生会に誰を呼ぶかのリストもほぼ自分が作っていたとのことです。やがて子どもは部屋に引きこもって親を遠ざけるようになってしまい、母親は何か所かの相談支援先を渡り歩き、やっと子どもの「失敗する権利」、「過ちに対して責任をもつ権利」を自分がことごとく侵害していたことに気づいたそうです。

この、「過ちに対して責任をもつ権利」は、特に子育てにおいて重要になるでしょう。「失敗しない」ことよりも、失敗から学ぶことを大切にする、それが家族メンバーの人権を大切にすることにつながります。

4）言うも良し、黙るも良しを認め合う

これは、自己主張することもしないことも、お互いを尊重し合うなかで自分の責任で選べば良いし、その結果も引き受ければいいという「自己主張しない権利」がベースになっています。

例えば、家族のなかでも、いまは自己主張してもかえって相手を混乱させるだけだと判断したときには、自己主張しない権利を使えばいいし、また、理由はなくてもただ黙っていたいときもあるでしょう。こうしたときも、自己主張しない権利を使うことができます。もちろん、自己主張しないことによって、理由を追及されたり誤解されるなど、自分に不利益が及ぶかもしれません。それは自分の選択の

結果だとして引き受け、「〇〇がそういう態度だから言う気もなくなるのだ」などと相手のせいにはしない。これが大切なことです。

例えば、ある母親は、中学１年生の娘が、友達とカラオケに行ったことを自分には何も言わず、ママ友から知らされたことにショックを受け、娘を問い詰めたそうです。しかし娘さんは、「どうしてママはいつも何でも知りたがるの？　別にいいでしょ、カラオケに行ったことぐらい。そういうふうに何でもかんでも知りたがるのやめてくれない？　こっちにもプライバシーってものがあるんだから！」と手痛い反撃を受けました。

さて、親から距離を置いて自分の領分、プライバシーを護りたいという娘と、娘が自分の預かり知らないところで生きはじめたことへの不安を抱く母親。どちらの言い分も理解できますが、こういったことを「人権」という観点からどう考えたら良いのでしょうか。

娘さんの側から考えてみると、「これはママに話す」、「これは話さない」を仕分けして、話さないでいることは「自己主張しない権利」の遂行です。「何でも話せ」と強要されることは、人権の侵害につながります。ただし、先にも話したように、「話さなかった」ことで生じる不利益、まさに理由を追及されたり相手との関係が揺らぐことなどを自分の選択の結果だとして引き受け、「ママがそういう態度だから言う気もなくなるのだ」などと相手のせいにす

ることは NG です。

　親の側から考えてみると、「何でも話せる親子関係が理想」だという考え方を見直してみる必要があるでしょう。先に、アサーション権には、「自分で決める権利」と「責任をもつ権利」があると述べました。娘さんには誰に何を話すかを決め、またそれに責任をもつ権利があるのです。とはいえ、性暴力・性被害が連日報道されるなかで、「そうも言っていられない」というママやパパたちの切羽詰まった声が聞こえてきそうです。

　しかし、子どもはそうした危険もある世の中を、これから自分の力で歩いていかなければならないのです。自分の力、それは、自分で決め、それに責任をもつ体験のなかからしか生まれてはきません。親はハラハラしながらも、愛情と必要な情報を伝え、「信頼のできる大人」の一人として「そこに居続ける」ことが求められているのではないでしょうか。秘密を暴くことでその時々の「親の不安」を解消できても、長期的には子どもから話してもらえる信頼が遠ざかる[10]ことを忘れないようにしたいものです。

　突然「話してもらえなくなった」ことは、「寂しい」、「残念」と伝えることはできても、非難したり抗議したり、

10）鴻巣麻里香『わたしはわたし。あなたじゃない。10代の心を守る境界線「バウンダリー」の引き方』（71ページ）、リトルモア、2024年

話させようとすることはできません。なぜならそれは、相手の「人権」に関わることだからです。

　以上、代表的なアサーション権を基盤に家族のルールを考えてみました。
　一人ひとりの主張が尊重され、下した決定・選択に責任をもつことができる家族。さらに、失敗し、失敗から学ぶ権利が保障され、自己主張することもしないことも権利として受け入れられる家族の姿が見えてきました。ここから見えてくるのは、徹底した個の尊重と、「失敗してはいけない」、「家族なのだから……すべき」といった固定的な考えにとらわれない柔軟性ではないでしょうか。とかく「家族たるもの……すべき」、「家族だから……して当然」、「家族なんだから……すべき」という枠組みをもち込みたくなりますが、それが家族メンバーの人権を尊重することになるのか、再考が必要ではないでしょうか。

個人の努力と社会からのプレッシャー
　さて、ここまで読んでくださった皆さんは、いま何を感じているでしょうか。「言っていることはわかるけれど……」と、どこかモヤモヤしたものを感じる方も少なくはないと思います。そしてなかには、「他人行儀」で冷たい家族という印象をもたれた方もいらっしゃることでしょう。確かに「ここまで割り切れないのが家族」という一面もあ

りますね。結局は、皆さんがどんな家族でありたいのか、そこにかかっています。
　一方、私たちは、地域社会というひとつの容れ物のなかで生きています。例えば、子どもの「自分の行動を決めそれに責任をもつ権利」を尊重したい、「失敗し、失敗から学ぶ権利」を大切にしたいと考えても、「子どもを立派に育てるのが親の責任」、「親の育て方いかんによって子どもの将来が決まる」といったプレッシャーも強く、失敗に不寛容な社会のまなざしは、私たちをことごとく臆病にさせてしまいます。個々の権利を大切にしたいと思っても、それを許さない社会の現状が立ちふさがっていることも事実です。国際社会のなかで、日本が「人権後進国」といわれている現状は先に紹介したとおりですが、個人の奮闘のみではいかんともしがたい社会の空気を変えていくことがどうしても必要です。

　しかし、「卵が先か、にわとりが先か」。社会の空気が変わらないからといって、諦めてもいられません。大切なことは、自分にも他の家族メンバーすべてにも「人権」があるということを意識すること。そして、家族のなかでは無意識のうちに人権を侵害しがちであることを理解しておくことが大切です。時々、自分たち家族の「アサーション権度」を振り返ってみることが大切ではないでしょうか。

第2章のまとめ

1 家族のなかでは、目には見えないさまざまな人権侵害が日々起こっています。人権後進国と言われる日本では、人々の人権に対する意識が高いとは言えず、特に家族内の人権については、話題に出すこと自体がはばかられるような現状にあります。私たちは自分や家族の人権にもっと目を向けるべきです。

2 アサーションとは「自分の権利のために立ち上がり同時に相手の権利も大切にする自己表現」のこと。家族メンバーとの間で行き違いが起こったとき、相互理解を深めるためには、自分の権利のために立ち上がると同時に相手の権利も大切にする自他尊重の自己表現、すなわちアサーションが重要となります。

3 人権とは、すべての人の尊厳を護るために不可欠なものであり、生存と自由、幸福な生活を営むために欠かすことのできないものです。その人権のひとつとして「アサーション権」があります。アサーション権は、自他尊重の自己表現の権利のことで、言い換えれば、「自他の権利を侵さない限り、自己表現をしても良い」という意味です。逆に、表現する

機会を奪ったり、表現を抑制することは権利の侵害につながります。

4 アサーション権の源流は、アメリカの人権回復運動にあるとされています。家族メンバー一人ひとりが、自分の生を享受し、自分らしく生きる権利が護られる家族を実現させていくためには、「アサーション権」の意味や意義について、揺らぎのない確信をもつことが求められています。

5 代表的なアサーション権を取り上げ、それを家族の生活に落とし込み、家族のルールとしてどう生かしていったら良いのかを考えました。そこから見えてきたものは、徹底した個の尊重と、「家族なのだから……すべき」といった固定的な考えにとらわれない柔軟性をもつことの大切さでした。一方でプレッシャーも強く、失敗に不寛容な社会のまなざしが遂行の阻害要因になり、それが課題だと考えられます。

自分も他者も、一人ひとりを尊重し大切にし合う
自分の行動を決めそれに責任をもつ権利があることを認め合う
失敗し、失敗から学ぶ権利を保障し合う
言うも良し、黙るも良しを認め合う

ミニワーク

1 あなたはこれまで、「人権」について考えたことはありますか？ またこれまで、「人権」という視点でパートナー、親子の関係を考えたことがありますか？

2 家族のメンバーとの間で行き違いが起こったとき、あなたの対処は以下の３つのうちのどれに比較的近いでしょうか？
①とにかく自分の言い分を通そうと躍起になる
②自分を抑えて相手の言い分になるべく沿うように努力する
③自分の言い分も主張すると同時に相手の言い分にも耳を傾ける

3 あなたは家族の誰かから発言を遮られたり、「自分の話を聴いてもらっていない」と感じることはありますか？ また、家族の誰かの発言を遮ったり、話を聴こうとしないことがありますか？ あなたの家族は、皆が自分の言いたいことを自由に言い合える家族でしょうか？

第3章

バウンダリーという
魔法の境界

バウンダリーとは何か

バウンダリーとは、自分と他者を区別する「境界線」[1),2),3)]を表す言葉です。現実の世界では、国と国、県と県や市と市の境、あるいは自分の土地と隣家の土地との区切りなど、境界線がはっきりと示されます。柵や看板、塀などはどれも物理的な境界を示し、柵で囲まれた土地の所有者は自分の土地を守り、境界内で起こる事柄に関して責任を負います。これと同じように、目には見えませんが人間関係、もちろん家族関係においても、自他の区別である境界線、つまりバウンダリーが存在するのです。

バウンダリーの法則

人間関係におけるバウンダリーには以下の法則が存在します。

①バウンダリーの内側は、自分の庭であり、どうするかを自分で決め、管理する責任が生じる。

②バウンダリーの外側は、自分以外の誰か（相手）の庭であり、立ち入る際には許可や同意が必要となる。

③バウンダリーは自分と相手を護るためのものであり、必要なものは受け入れ、不要なものは通さないといった自己調整機能がある。この機能を上手に働かせることが心地の良い人間関係のカギになる。

④何が必要であり、何が不要なものかは、人によって、また同じ人であってもそのときによって異なる。その人ら

しさとして理解し認め合うことが大切になる。

ここで小学校4年生のさきちゃんの悩みを紹介します。

　さきちゃんは、最近、お父さんが苦手です。なぜなら、やたらと頭や肩を触ってくるからです。ちょっと前までは、ふざけてお父さんの腕にぶら下がってみたり、自分から背中によじ登って遊んでいましたが、4年生になってから、それがとても「イヤ」だと感じるようになりました。お父さんは、そんなことはおかまいなしに頭や肩に触ってくるので、なるべくお父さんのそばに寄らないようにしています。

　実は、さきちゃんは、同じようにお母さんが頭や肩に触れても全く気になりません。さきちゃんにとっては、お母さんは受け入れても良く、お父さんは受け入れ難い対象となっているようです。また同じお父さんでも、去年までは

1) 山本美穂子『セラピストのためのバウンダリーの教科書』BABジャパン、2019年
2) ヘンリー・クラウド／ジョン・タウンゼント著、中村佐和／中村昇共訳『バウンンダリーズ　境界線　聖書が語る人間関係の大原則』地引網出版、2004年
3) ネドラ・グローバー・タワブ著、山内めぐみ訳『心の境界線：穏やかな自己主張で自分らしく生きるトレーニング』GAKKEN、2022年

全く気になりませんでした。

いまは、「お父さんが自分のバウンダリーに侵入してくる」ように感じるようになったのです。バウンダリーはそのときの自分を護るためのものであり、自己調整機能があります。さきちゃんは「お父さんのそばに寄らない」という方法で自分を護っています。

バウンダリーに関わるトラブル

バウンダリーの内側、すなわち自分の庭の内側にあって、自分でどうするかを決め、管理し、自分で護るべきものには何があるでしょうか？

家族間の人間関係のもめごとは、本来、自分で管理すべきこれらのものを人に委ねたり、あるいは相手にコントロールされたり、また逆に、本来は相手が決め、相手が管理すべきものを勝手に自分がコントロールしようとすることから生じることが多いのです。それでは具体的にどんなトラブルが起こりやすいのかを見ていきましょう。

1）同意なく身体に触れる

まずは身体。あなたの身体はあなたのものですから、自己管理を行い、自分の身体を大切に扱うことはとても大切で不可欠なことです。誰かが許可もなくあなたの**身体的バウンダリー**を越えて不用意に身体に触れたり、ましてや暴力をふるうようなことがあれば、これは重大な身体的バウ

ンダリーの侵害でありハラスメント行為です。

　さきちゃんの悩みは、まさに身体的バウンダリーに関する悩みでした。たとえ家族でも、たとえ親子でも、身体的バウンダリーを不用意に越えることのないよう注意が必要ですし、いつでも「NO」が言える関係であることが大切です。

2）性行為の強要や性に関わる価値観の押しつけ

　性に関するバウンダリーは、その人の尊厳に関わるとても大切な問題です。バウンダリーを越えて性行為を強要されたり、痴漢の被害にあうなどは、重大な人権侵害であり、もちろん犯罪です。なお、身体的な問題だけではなく、その人の性に関わるアイデンティティーを否定したり、女らしさ・男らしさというジェンダー・ステレオタイプを押しつけるなども、**性的バウンダリーの侵害**に当たります。

3）価値観や判断の押しつけ

　人には、価値観や信念、判断、好み、将来の夢や希望など、その人ならではの大切な考えがあります。これは、少なくとも誰かを傷つけるようなものでない限り、尊重されなければなりません。考えを変えさせようという圧力を受けることは、**精神思考的バウンダリーを侵されている**ことになります。

　しかし家族、特に親子の場合には、「良かれ」という親

の思いが先走り、子どもの考えを否定したり、考えを変えさせようとなりがちではないでしょうか。

　高校2年生の準君は、最近になって、将来看護師になりたいと思うようになってきました。実は準君には中学生の頃、3か月間の入院体験があります。そのときに、担当だった男性看護師のような仕事をしてみたいと思ったのです。治療のつらさ、将来への不安、友達と会えない寂しさ、自分だけが取り残されていくような焦り、どんなこともその看護師になら話すことができました。その看護師の存在なしには、いまの自分はないと思うほどです。

　「あのさぁ、進路のことなんだけど……、実は看護学部に行きたいんだ」。そう両親に話したときのことです。一瞬、短い沈黙があった後、母親が「そう、看護師さんになりたいってこと？」と確かめました。頷いて両親を見ると、父親は、「いや、看護師もいいけど、薬剤師はどうなんだ？　もうちょっと頑張って医者っていうのもどうだ？」と聞きました。準君が「いや、ぼくは看護師が……」と言いかけたとき、「あなたのためを思って言うんだけど、看護師は夜勤があるし、何たって女性の職場でしょ？　3Kって聞くしね……。準だって、大変なの、そばで見てたじゃない」と母親が遮り、さらに父親は、「看護師はそりゃ、尊い仕事だと思うよ。立

派な仕事だよなぁ。でも、一生、医者に指示されて動くんだぞ。オマエ、いまの成績だったら、もっと上を狙えるだろう。自分を安売りするんじゃないぞ」とつぶやく始末。「わかった、もういい」。そう言って準君は黙り込んでしまいました。

「いつだってこうなんだ。どうしてうちの親は、ぼくの選んだ進路を応援してくれないんだろう」。そう思うと、親に何を言ってもわかってもらえないような絶望的な気持ちになったのでした。

準君は、看護師になりたいという将来の希望を両親に話しましたが、両親は、自分たちの価値観や考えを押しつけるばかりで、準君の考えを尊重することはありませんでした。精神思考的なバウンダリーを侵害された準君は、不快感を通り越して、自分が一人の人間として両親に認められていないと感じ、不信感を抱くようになったのではないでしょうか。

4）感情をぶつける・否定される

考え（思考）と同じように、人はさまざまな感情を抱く存在です。それはその人の大切な一部であり、他者から否定されたり評価されたりするようなものではありません。もしも、あなたの感情を家族の誰かから否定されるようなことがあれば、それは**感情的バウンダリーの侵害**だと言え

るでしょう。また逆に、無意識のうちにも家族の誰かに感情をぶつけることがあった場合、それは相手の感情的バウンダリーの侵害です。バウンダリーは、自分自身を護るためのものですが、家族内では、他の家族成員の感情に大きく影響されすぎてしまうといったことが起こりがちです。

例えば、誰かの不機嫌が家族全体に広がり、「不機嫌の連鎖」が起こるといったようなことです。このような場合には、感情的バウンダリーがうまく機能していないと考えられます。家族には、「これくらいは受け止めてくれるだろう」という甘えがあり、ついつい感情をぶつけがちになりますが、感情は「ぶつける」のではなく、こういう気持ちなんだと伝えることで自分も相手も大切にした相互理解を深めていきたいものです。

子育て中の雄太さんは42歳。10歳、6歳、3歳の3人の子どもを育てるシングルファザーです。離婚後、勤めていた会社を辞め、自宅でIT関連の仕事をはじめました。パソコンさえあれば何とかなると思っていましたが、いざはじめてみると、保育園の送り迎えの合間にほぼ1日中、断続的に家事をこなさなければならず、寝かしつけが終わると子どもたちと寝落ちしてしまう日々です。

疲れが抜けず、先行きの不安や焦りでいつもイライラした状態が続いています。「いけない」とわかっていても、子どもたちにキツイ言葉を投げつけてしまうこともしばし

ばです。

　先日、6歳の娘が、「ママに逢いたい」、「寂しい」と漏らしたことがありました。6歳の子どもにとってそれは当たり前の感情だといまなら理解できるのですが、そのとき雄太さんは自分の並々ならぬ努力が全部否定されたような気がして、「寂しくなんかない！」、「寂しいなんて、ぜったい言うな！」と叫んでしまいました。雄太さんは、娘の氷ついたような表情が忘れられないと言います。

雄太さんは、ついつい子どもたちにキツく当たり、自分のイライラをぶつけていました。そして、6歳の娘の「寂しい」という感情を否定し、口にすることを禁じました。6歳の娘にとって、これは「暴力」にも匹敵するほどの衝撃だったと思われます。それは、自分が否定された体験でもあったでしょう。子どもは、「自分の本当の気持ちを出すべきではない」と学び、自分の気持ちに蓋をすることを自分に課したのではないでしょうか。

　父親の、「寂しくなんかない！」、「寂しいなんて、ぜったい言うな！」という言葉は、その後の子どもの生きづらさを招きかない著しい感情的バウンダリーの侵害です。

5）時間泥棒にあう／時間泥棒を働く
　人は、それぞれに自分に与えられた大切な時間を生きて

います。何にどれだけの時間を使うかは、その人が決めることであり、決めて良いのです。しかし家族との生活においては、なかなか自分だけで決められるわけではありません。子育てや介護中の場合には、ごく日常的に突発的なアクシデントが起こり、そのたびにスケジュールを組み直さなければならないといった事態も起こりがちです。だからこそ、自分自身のコントロールの効く範囲においては、**時間的バウンダリーを護る**ことが大切ですし、周囲も時間的バウンダリーを侵害しない配慮が求められます。

しかし家族の場合、やはり「これくらいはいいだろう」といった甘えがあり、約束の時間に遅れたり、別居家族が突然訪問して長居する、また長時間の電話でとりとめのない話をするなどがよく起こりがちです。しかしそれは、相手の了解がない限り時間的バウンダリーの侵害に当たります。

友美さんは、昨年思い切って夫と二人で都会から地方に移住し、夫の実家とスープの冷めない距離に家を建て、暮らしはじめました。十分な広さも確保でき、それまでのマンション暮らしとは比べ物にならないほど快適な生活です。しかしひとつだけ、とても気になっていることがあります。それは、一人暮らしの義母がたびたび突然来訪し、一度話し込むとなかなか腰を上げようとしないことです。友美さんが仕事から帰り、少しほっとし

ようと思った矢先に、友美さんが帰宅したことに気づいた義母がやってくるのです。料理が得意な義母は、自分が作った総菜や野菜を手に「これ、おすそ分け」と満面の笑み。そして、上がって話し込むこともあります。友美さんの、帰宅後の予定が狂ってしまうこともしばしばで、時間のことが気になって、義母の話も気もそぞろ。このようなことがたび重なるにつけ、義母に大切な時間を奪われているような気持ちになります。

　義母が私たち夫婦のことを思えばのこと、そして一人暮らしの寂しさもわかるだけに、どう伝えたらいいのか悶々とする日々です。夫は、「いま、忙しい」とはっきり断ればいいと言いますが、そういうわけにもいかず、「今日は来ませんように……」と願いながら帰宅する日々が続いています。

　友美さんは、義母の来訪で自分の大切な時間が奪われていくことに困っていました。しかし、悶々とするばかりで気持ちが伝えられずにいました。
　自分の大切な時間を自分がどう使うかは自分が決めていいのです。この場合、義母の訪問時に、「夕方は、私も疲れているので、できればお休みの日に来ていただけると助かります」と話してみる、すなわちバウンダリーをしっかりと引くことが必要です。

6）曖昧なお金・モノのやりとり

 お金やモノも、あなたが生きていくうえで欠かすことのできない大切な財産です。あなたのお金やモノはあなたに所有権があり、あなたが管理すべきものです。しかし、家族のなかでは、**金銭的バウンダリー**がルーズになりがちで、お金を無心されたり、貸したはずのお金が返ってこなかったりすることもままあるのではないでしょうか。また、安易に金銭的な要求に応じてしまったり、相手が望んでもいないのにお金をつぎ込んで相手をコントロールするといったことも起こりがちです。

　70歳で会社員生活にピリオドを打った崇さんは、定年後、妻と海外旅行に行くのを楽しみにしていました。これまで旅行らしい旅行に連れていってやれなかったせめてもの罪滅ぼしのつもりで、退職金でツアーに申し込んだのです。各国の観光地を調べてウキウキする崇さんとは裏腹に、妻はなぜか浮かない顔。それでも旅行の当日を迎えれば妻の機嫌も直るだろうとタカをくくっていました。

　そして迎えた最初の夜。些細なことからホテルで口論となり、「オレが稼いだカネで連れてきてやっているのに、何だその態度は！」という一言から妻の反撃がはじまりました。妻は、「これからの老後資金のことで頭がいっぱいなのに、呑気にこんな散財をするなんて信じられな

い」、「オレが稼いだ金だって言うけど、私のやりくりがあってこそ。エラソーに、オレが稼いだなんて言わないでほしい」と言い、楽しいはずの旅行が台なしになってしまいました。

夫婦の共有財産は区別がつきにくいもの。崇さんは、妻を喜ばせたいと海外旅行に退職金をつぎ込みましたが、妻は「オレが稼いだ金」だと我が物顔に退職金を使う夫に強い違和感、不満を感じたようです。そのお金は夫婦の共有財産なのですから、バウンダリーを無視せずに、使い方については相手の同意を得るプロセスが大切だったと考えられます。

7）役割を奪う・覆いかぶせる

誰しも、職場や家庭において、皆、何らかの役割を引き受けて生活しています。そして、自分がどのような役割を果たすかは、最終的には自分で決める必要があり、自分で決めて良いのです。

しかし、職場と異なり家庭では、個々の役割の線引きが曖昧になりがちです。ついつい「見るに見かねる」という理由で誰かの役割を奪ってしまったり、逆に誰かに自分の役割を覆いかぶせてしまうなど、**役割的バウンダリーが混乱しがちです**。

翔太さんは38歳。結婚して半年が経ちました。妻は2歳年下でいわゆるアプリ婚。知り合って3か月というスピード婚でした。お互いにいい年になっているのだから、たいていのことは話し合って解決していけるだろうと思って結婚に踏み切りましたが、すでに「話し合う気にもなれない」状況に陥っています。
　というのも、妻は、翔太さんが忙しく動いていても、リビングにパソコンを持ち込んで仕事に夢中。言えば動いてはくれますが、最近ではいちいち言うのも面倒になり、「さっさと済ませたほうが早い」という気分になっています。リビングには仕事を持ち込まないことを約束し、家事分担についても話し合って決めたのに、いつの間にか「絵に描いた餅」。思い描いていた結婚生活とは大きくかけ離れている現状に、ため息が出ます。

翔太さんは、妻がパソコン作業に夢中になっていて、言わなければ家事をしようとしないことにモヤモヤし、「いちいち言うのも面倒」、「さっさと済ませたほうが早い」という理由で妻が一度は引き受けた役割を結果として奪っています。これは、バウンダリーの侵害です。むしろ妻には、翔太さんが自分の役割をことごとく取り上げているように映ってるかもしれません。一方的に妻の役割を肩代わりするのではなく、どうしたらお互いフラストレーションを抱かずに家事を遂行できるのか、少なくともその都度話し合

って新しい二人のルールを作っていく努力を重ねることが大切ではないでしょうか。

8）曖昧な空間の区別

多くの人にとって、自分がリラックスして過ごせるパーソナルな空間は、生きていくうえでとても大切な意味をもっています。パーソナルな空間では、プライバシーが保たれ、安全で安心できることが重要な条件です。

しかし、家族のなかでは、不用意に誰かのパーソナルな空間に入ってしまったり、プライバシーを脅かしたり、家族共有の空間とパーソナルな空間の区別が曖昧になったりしがちです。

> 前述の翔太さん。妻は、リビングにパソコンを持ち込み、上着を置きっぱなしにしたり、使ったものも元に戻さないことが多くあります。そのくせに、いつも「〇〇がない。どこ？」と探しものばかり。出しっぱなしのものを何度も自分が戻したり、探しもののありかを教えていたりすると、「彼女の保護者ではないのに」とイライラが募ってきます。

これは、共有の空間とパーソナルな空間の区別が曖昧になっている典型的な事例です。妻が**空間的バウンダリー**を侵害しているとも言えるでしょう。置きっぱなしにした上

着を翔太さんが拾うという対処を繰り返しているだけでは、問題の解決にはつながりません。二人の空間をどのように使い分け、バウンダリーを引くのか、上着を脱ぎ散らかしても良い場所とそうではない二人の空間をどう線引きするのか、**空間的バウンダリー**を引き直すことが大切です。

　以上、さまざまな家族の悩みとバウンダリーの関係について、事例を挙げつつ述べてきました。自分のバウンダリーを侵されないようにバウンダリーを引くことはもちろん大事ですが、大人に限らず、どのような対象であっても相手のバウンダリーを不用意に脅かさないように注意を払うことはとても大切なことです。例えばそれが０歳児であっても、です。

　先日、ある保育士さんから話を聞く機会がありました。勤務先の保育施設では、子どもの身体に触れるときには、必ず「〇〇だから……してもいいですか？」と声をかけるそうです。例えば、「〇〇ちゃん、鼻水が出てるから、いまから拭いてもいいかしら？」、「お尻が汚れているから、オムツを取り換えてもいいかしら？」という具合に。いきなり身体に触るのではなく、身体的バウンダリーを尊重し、どんなに幼くても、たとえ０歳児でも説明して許可を取る。それは、子どもの人権を護ることであり、子どもの自己価値を高めることにつながるとのことでした。大人による子どものバウンダリーを護ろうというこうした働きかけ

は、子どもに確実に理解されるとのことです。声かけせずにいきなり鼻水を拭こうとするとそっくり返って暴れる子どもも、事前に説明し許可を得ることで、むしろ自ら「拭いて」と顔を向けてくるそうです。

年齢にかかわらず、すべての人のバウンダリーに対する配慮が重要ですが、こうした基本的な態度は、できるだけ早期に養育者との関係において育みたいもの。そう考えてみると、家族関係を良好に保つ柱のひとつとして、「バウンダリー」の考え方がもっと広まってほしいと願わずにはいられません。

バウンダリーの特徴、4つのタイプ

さて、さまざまなバウンダリーの悩みについて考えてきましたが、ここから自分のバウンダリーの特徴について考えてみましょう。前述したとおり、バウンダリーの状態は、同じ人であっても、そのときの状況によって異なりますし、また相手によっても異なります。ここでは、現在の自分のおおまかな傾向を把握しておきましょう。

バウンダリーの特徴には、次の4つのタイプが考えられます。

1）相手の領域に入りすぎるタイプ

ついつい過干渉ぎみになり、聞かれる前に先回りしてアドバイスをするなど、おせっかいをやくタイプです。時に

は、自分の気持ちが勝るあまり、相手から「NO」を出されてもそれを無視したり、譲歩を引き出すために相手をコントロールしようとして関係がこじれる場合もあります。

2) 自分の領域に踏み込まれるタイプ

相手との間にバウンダリーを引くことが苦手で、どんどん自分の領域に踏み込まれてしまうタイプです。何事につけて自分よりも他者を優先するという生き方の癖があり、バウンダリーが曖昧になりやすいタイプです。「NO」と言うことができず、相手に合わせた思考や行動を取ってしまいます。

3) 人との関わりを避けるタイプ

相手から自分にとって必要なものを差し出されても「YES」と言うことができなかったり、バウンダリーが堅く、介入することもされることも好まず、人との関わりをできるだけ避けようとするタイプです。

4) 適切で柔軟なタイプ

軽やかに「YES」、「NO」が表現でき、自他尊重のもとにバウンダリーを柔軟に引くことができるタイプです。他者との間に心地良い距離感を保つことができます。

さて、いかがだったでしょうか。人間とは複雑なもので、

常に4つに分けられるものではなく、普段は「適切で柔軟なタイプ」であっても、忙しくなると「自分の領域に踏み込まれるタイプ」から、「人との関わりを避けるタイプ」に変化することもあるでしょう。また、部下に対しては、「相手の領域に入りすぎるタイプ」でも、上司に対しては、「自分の領域に踏み込まれるタイプ」に変化する方もいらっしゃるでしょう。子どもに対しては、「相手の領域に入りすぎるタイプ」なのに、夫に対しては「人と関わりたくないタイプ」となり、言葉を交わすことさえ億劫になっている人もいると思います。大切なことは、自分のバウンダリーの状態をできるだけ細やかに観察してみることです。そうすることが、誰に対しても「適切で柔軟なタイプ」として接することができる一歩になります。

バウンダリーがうまく機能しないとどうなるか

これまでバウンダリーについて述べてきましたが、ここではバウンダリーがうまく機能しないとどのようなことが起こるかを考えてみたいと思います。

1）依存・巻き込まれ

バウンダリーの法則①では、バウンダリーの内側は、自分の庭であり、どうするかを自分で決め、管理する責任があると述べました。この「自分の庭を自分で護る」というバウンダリーの機能が十分に働かないと、他者からの侵入

を受けやすく、いつしか他者に依存し、巻き込まれるという状況に陥ります。

　34歳の千枝さんは、父親は医師、母親は専業主婦という家庭の一人娘として育ちました。幼い頃からおとなしく引っ込み思案。そんな千枝さんを心配して、母親はバレエ、英会話、ピアノ、絵画などさまざまな習い事に通わせましたが、どれも長続きしませんでした。中学校・高校・大学と続く一貫校で学び、卒業後はアパレルメーカーに就職。新人研修で苦手な接客を体験した頃から体調を崩し、半年で退職してしまいました。その後、短期のアルバイトなどをいくつか経験したのち、母親の勧めるままにいまの夫と付き合いはじめ、半年後に結婚しました。現在、千枝さんには8歳と6歳の子どもがいますが、子育てで大きな行き詰まりを感じています。

　千枝さんは、「ずっと母の言いなりにしてきたから、親として子どもたちにどう接したらいいのかがわからない」と言うのです。千枝さんの母親の口ぐせは、「ママの言うとおりにしておけば間違いないんだから」と「あなたはホントダメねえ」というもの。千枝さんは、「ママが言うのもムリはないんです。私、本当にダメな人なので……」とうつむき、考えてみればこの結婚も、母親の言うとおりにしてきたのだと話していました。結婚相手の選択はもちろんのこと、結婚式の日取り、衣装

の選択、披露宴の料理や席順などの細かいところまで母親のダメ出しが入り、逐一母親の言うとおりにしてきたのだとか。少しでも逆らうと、母親の機嫌が悪くなり、口をきかなくなった母親に対応することにとても消耗するので、「言いなりになっていたほうが楽なんです」とのこと。育児に関しても、オムツの当て方から授乳の仕方までこと細かに「指導」が入り、「あなたは何やってもダメねえ」と言われ続けてきたそうです。

そして子どもたちも小学生となり、自分たちの意思と判断で行動する年齢を迎えました。子どもたちから、「ママはいつもバーバのことばっかり気にするね」、「ママはどう思うの？」と問いかけられるたびに、言葉に詰まってしまいます。ここにきて千枝さんは、「自分には本当の自分の意思がない」、「自分で判断ができない」ことにいまさらながらショックを受け呆然としています。

千枝さんは、「バウンダリーの内側は、自分の庭であり、どうするかを自分で決め、管理する責任がある」という法則を放棄していた、あるいは放棄せざるを得なかった状況が続いていたようです。それにより、いつしか母親に依存し、「母親の判断に沿う」ことが身に染みついてしまいました。そして千枝さんは、「母親の機嫌を伺う」日々を長らく送ってきました。母親の感情の揺れは母親のものです。しかし千枝さんは、母親に巻き込まれ、母親の機嫌によっ

て自分自身の精神状態が左右されるような状況にありました。千枝さんには母親の不機嫌を受け止めるゴミ箱になる必要はなく、感情的バウンダリーをしっかりと引くことが身についていれば、母親の機嫌ひとつによって支配されることもなかったでしょう。

このように、バウンダリーがうまく機能しないと、相手への依存が生み出され、相手に巻き込まれて自分を見失うということも起こってしまうのです。

2) 支配・コントロール

バウンダリーの法則②は、「バウンダリーの外側は、自分以外の誰か（相手）の庭であり、立ち入る際には許可や同意が必要となる」というものでした。この機能がうまく働かないと、相手のバウンダリーを越えて我が物顔に振る舞い、相手をコントロールし、支配するといったことも起こります。

　千枝さんの母親、康代さんは、夫とまだお互いに学生だった頃に付き合い、康代さんが妊娠したことがきっかけで結婚しました。康代さんは退学し、そのまま夫の両親と同居し育児に専念するようになったのです。夫の父親、そして祖父も医師という「医師一家」。夫の母親は、家事に細かなこだわりがあり、康代さんは叱責されることも多く、息が詰まるような生活だったそうです。

康代さんは、実家と嫁ぎ先の「家柄の差」にコンプレックスを感じるようになりました。

「この家のなかで自分の存在が認められるためには、千枝を立派に育てるしかない」。そんな思いが次第に大きくなっていったとのこと。康代さんは次から次へと千枝さんに習い事をさせ、小学校から受験もさせました。おとなしく従順な千枝さんは、特に反抗することもなかったと言います。そして康代さんが千枝さんの習い事に夢中になる一方で、夫との関係は冷え切っていきました。

康代さんと千枝さんは、夫の実家を出てマンションで二人暮らしをはじめました。千枝さんが小学生の頃です。康代さんは離婚という選択はせず、千枝さんが学校に行っている時間のみパートで働き、二人の時間を最優先にしてきました。「ママの言うとおりにしておけば間違いはないんだから」、「千枝のためを思って言ってるのよ」というのが口ぐせで、部活も習いごとも塾も、すべて先回りして指示を出していました。康代さんのなかでは、自分と千枝さんの区別が常に曖昧で、バウンダリーという概念が全くなかったようです。したがって、千枝さんの考えや感情、生活そのものに立ち入ることに許可や同意を得るという発想もなく、千枝さんをコントロールしてきました。それは、まさに支配ともいえる関係でした。

バウンダリーが機能しないとどのようなことが起こるの

か、康代さんと千枝さんの親子で考えてきました。この二人の関係ほど顕著ではなくても、バウンダリーの機能不全によって家族関係が崩れていくこと、そして「自らの人生を自分らしく生きていく」ことが困難になるケースは皆さんの周囲にも多く見られるのではないでしょうか。互いのバウンダリーを尊重することは、家族関係の基本です。

バウンダリーを大切にするということ
　さて、それでは、どうしたら自分のバウンダリーをよりよく機能させることができるのでしょうか。

1）自分の気持ちに耳を傾ける
　私たちは、本当は「NO」なのに「YES」と言ってしまったり、本当は「YES」なのに「NO」と言ってしまったりとなかなか複雑な存在です。特に、「NO」と表明した途端、「わがままだ」と批判されたり「協調性がない」と眉をひそめられたり、自分の「NO」を否定される体験を積み重ねてくると、本当の自分の気持ちがわからなくなってしまいます。「何が食べたい？」、「どこへ行きたい？」と尋ねられたときに、「皆さんと同じでいいです」と答える傾向のある方は、日常のなかで、自分の本当の気持ちを捕まえられなくなっているのかもしれません。自分のバウンダリーを上手に機能させるためには、「自分がどうしたいのか」、「NO」なのか「YES」なのか、何が「好き」で何

は「嫌い」なのかを感じ取る練習からはじめてみる必要がありそうです。

2) 自分で自分に許可を出す

　バウンダリーを引こうとする自分と、「いやいや、そんなことをしたら嫌われてしまう」、「そんなことをしたら波風が立つ」と考えて躊躇する自分がいませんか？　結局のところ、バウンダリーを引くことを阻害しているのは、自分自身の「誰にでも好かれなければいけない」、「多少のことは大目に見て受容するのが立派な人間だ」といった考え方のクセにあるのではないでしょうか。もちろん、誰にでも好かれることができればそれに越したことはありませんが、「誰にでも」、「必ず」好かれることは難しいのが現実です。現実離れした理想を追い求め、いまの自分の気持ちを蔑ろにするのではなく、いまの自分を大切に扱う許可を自分自身に出すことが大事です。

　考えてみれば、一生で一番長い付き合いになるのは、パートナーでも子どもでも友人でもなく自分自身です。そして自分を大切にできるのは、ほかでもない自分しかいないのです。「NO」が言いにくい人は、「「NO」と言ってもいいのだよ」と自分で自分に許可を出すことを意識してみるといいかもしれません。

3）少しづつ NO を伝えてバウンダリーを引く

「NO」と言うことに躊躇してしまう人、あるいは特定の人になかなか「NO」が言えず、侵入を許してしまう人は、まずは小さな「NO」を伝える練習をしてみましょう。

例えば、「明日、ショッピングに付き合って」と言われたとしましょう。あなたは気が進みませんが、それを伝えにくい雰囲気を感じて、いつもは複雑な気持ちを抱えつつ「いいよ」と応じるところを、手はじめに「午前中だけね」と時間を限定してみるのです。時間的バウンダリーを自ら引くことができたあなたは、それだけ自分自身を大切にすることができたのです。相手は残念そうなそぶりを見せるかもしれませんが、あなたはきっと自分を大切にできたことに満足感を感じていることでしょう。

なお、「NO」を伝えるといっても、自分の気持ちを攻撃的に吐き出すというのでは、相手のバウンダリーを踏み越えてしまうことになります。自分は OK でも、相手を尊重することにはなりません。自分も相手も OK な「NO」の伝え方を工夫し、身につけることも大切です。

4）バウンダリーを何度でも引き直す

バウンダリーは、一度相手との間に引けばそれで終わりというものではなく、あなたと相手が心地良くいられる距離感を見つけるまで、何度でも引き直す必要があります。特に家族の場合、関係は長期にわたって続き、その相手と

の心地良いと感じる距離感は、その時々によって違うものです。

　桂子さんは、長年父親との距離感に悩んできました。父親は若い頃、お酒が入るとしつこく母親にからみ、ずいぶんと母親に苦労をかけてきました。それをつぶさに見てきた桂子さんは、父親が苦手。亭主関白を絵に描いたような父親でしたが、母親を亡くした後は急に衰えが目立つようになってきました。一人でいる寂しさからか、頻繁に電話をかけてきては、寂しいと訴えます。母親を亡くした直後は、それでも父親を気の毒に思う気持ちがあり、優しい言葉をかけていました。ところがそれがどんどんとエスカレートし、こと細かなことを求める電話はますます増えていきました。桂子さんは、言っても仕方がないと理解しつつも、「お母さんを大事にしなかったからそんな目にあうのよ！　自業自得でしょ！」、「お母さんがいなくなったからって、私にお母さんの代わりをさせないでよ！」などと自分でもビックリするようなセリフが口から出そうになります。桂子さんは、自分の許容範囲を越えて父親と近づきすぎていることを自覚しました。

　「仕事が終わってこうしてお父さんと話していると、私も疲れちゃう。自分の身体も大事だし、お父さんからの電話、毎回出るのは無理になってきたの。そこは了解してくれる？」とバウンダリーを引いてみました。そし

て、実際に、出る回数も減らしていきました。いったんは、「桂子の身体も大事」だと理解を示した父親でしたが、電話がつながらないフラストレーションから、留守番電話には「親不孝！」などと口走る父親の声がありました。

　この「親不孝」という言葉は、桂子さんをいたく傷つけました。もちろん怒りを感じましたが、同時に、年老いた父親を自分が痛めつけているような罪悪感に襲われたのです。妻を亡くした父親が、ここにきて子どもにも去っていかれるのではないかという危機を迎え、思わず発した渾身の一撃。「お父さん、そんなこと言わないでよー」とすぐさま電話をかけることもできましたが、桂子さんはあえて反応しないことにしました。反応しないことでバウンダリーをもう一度引き直したのです。

　特に家族の場合、バウンダリーを引こうとするとすぐさま浮かんでくる「罪悪感」。もちろん、「相手をつらい気持ちにさせたくない」という肉親としての情もあります。しかしそれだけではなく、「良き親、夫、妻、息子、娘であらねばならない」、「家族は常に仲良くあらねばならない」といった社会から刷り込まれた規範によって自分で作り上げた内的なルール、そこから出てくる感情でもあります。家族であってもいろいろな関係性があって良いのです。社会から期待される役割を果たすのではなく、「自分がどう

したいのか」、「自分がどうありたいのか」という自分の気持ちを大切にすることが自分を尊重することであり、本当の意味で相手を大切にすることにつながるのではないでしょうか。自分自身の「罪悪感」をカバーするためのみせかけの優しさは、長続きするものではなく、結果的に相手を傷つけることになりかねません。

5) 許可や同意を得る習慣をつける

これまでバウンダリーを引くことに躊躇を感じる場合について考えてきましたが、逆に相手のバウンダリーを越えて領域に入りすぎる場合には、何事につけても許可や同意を得ることを心がけたいものです。「いま、時間ある？」、「少しお母さんの考えを話してもいいかしら？」などと、相手の心の扉を軽くノックし、扉を開けてもらってから話すことで、バウンダリーを越えて侵入することを防げます。また、「それはバウンダリーオーバーだよ」と、お互いに教え合える関係を育むことも大切です。

「バウンダリー」を家族の共通言語に

それでは、自分も相手も大切にし合える家族になるために、一人ひとりのバウンダリーを、どのように育てていくのかについて考えてみたいと思います。

皆さんは、「バウンダリー」という言葉をご存じでしたか？　子どもやパートナー、あなたの両親はいかがでしょ

う？　もし「聞いたことがない」ということでしたら、あなたから言葉の意味を伝えてください。本書を一緒に読むのもいいですね。家族内で皆が自分の「バウンダリー」を育てていくためには、まずは「バウンダリー」を家族内の共通の言葉にすることが大切です。

　実は、私が代表を務めているNPO法人では、小学校5年生にバウンダリーを伝える「出前授業」を実施しています。SNSを通じた誹謗中傷など、いじめ問題がますます複雑で根が深くなっている現状を受け、現場の先生から、「人間関係の基本を伝えてほしい」という依頼があってスタートした試みです。授業を行う私たちが恐縮するほど子どもたちは真剣に耳を傾け、日頃の両親やきょうだいとの関わりを振り返っていました。「バウンダリーという言葉をもっと早く知りたかった」、「これからの人生に活かしていきたいと心の底から思った」などの感想に、子どもたち自身がいかに人間関係に悩みを抱えているのかを感じました。先生からは、「子どもたちが日頃から何となく感じていることが、バウンダリーという言葉を知ったことで言語化でき、なるほどと納得がいったようだ」というコメントもいただきました。

　もしも皆さんのご家庭に子どもがいるなら、ぜひバウンダリーについて話し合ってみてください。子どもの発達段階に応じた多くの絵本が市販され、また動画も手軽に見ることができます。友人が、アメリカ人と結婚した娘を訪

ねたところ、5歳の孫から、「おばあちゃん、それはバウンダリーの問題だよ」と言われて驚いたと話していました。「バウンダリー」という言葉が、家族共通の言葉になり、家族でバウンダリーについて話し合う、そんな日常をめざしてトライしてみてはいかがでしょうか。

参考文献
鴻巣麻里香『わたしはわたし。あなたじゃない。10代の心を守る境界線「バウンダリー」の引き方』リトルモア、2024年
レイチェル・ブライアン著、中井はるの訳『子どもを守る言葉 「同意」って何？ YES、NOは自分が決める！』集英社、2020年

第3章のまとめ

1 バウンダリーとは、自分と他者を区別する「境界線」を表す言葉です。目には見えませんが人間関係、もちろん家族関係においても、自他の区別である境界線、つまりバウンダリーが存在します。

2 人間関係におけるバウンダリーには以下の4つの法則が存在します。

①バウンダリーの内側は、どうするかを自分で決め、管理する責任が生じる

②バウンダリーの外側は、立ち入る際には許可や同意が必要となる

③バウンダリーには自己調整機能があり、この機能を上手に働かせることが心地の良い人間関係のカギになる

④何が必要で何が不要かは、人によって、その時々で異なる。その人らしさとして理解し認め合うことが大切

3 バウンダリーが関与する家族メンバー間のトラブルとして比較的よく見られるものには以下のものがあげられます。
- 同意なく身体に触れる
- 性行為の強要や性に関わる価値観の押しつけ
- 価値観や判断の押しつけ
- 感情をぶつける／否定される
- 時間泥棒にあう／時間泥棒を働く
- 曖昧なお金／モノのやりとり
- 役割を奪う／覆いかぶせる
- 曖昧な空間の区別

4 バウンダリーの特徴には、次の4つのタイプが考えられます。
①相手の領域に入りすぎるタイプ
②自分の領域に踏み込まれるタイプ
③人と関わりたくないタイプ
④適切で柔軟なタイプ

5 バウンダリーがうまく機能しないと以下のようなことが起こりがちになります。
①相手に依存し、巻き込まれる
②相手を支配しコントロールする

6 自分のバウンダリーをよりよく機能させるためには、以下のことが大切です。
①自分の考えや気持ちに耳を傾ける、感じ取る練習をする
②自分で自分に許可を出す
③少しずつNOを伝えてバウンダリーを引く
④バウンダリーを何度でも引き直す
⑤許可や同意を得る習慣をつける

7 「バウンダリー」という言葉を家族共通の言葉にし、折に触れ家族でバウンダリーについて話し合う、そんな日常をめざしてみてはいかがでしょうか。

ミニワーク

1 最近、家族の誰かとの間でイライラしたり、モヤモヤしたりしたことはありますか？ あるという方は、それはどのようなバウンダリーのトラブルだったのか振り返ってみましょう。また、最近では思い浮かばないという方は、過去の出来事について考えてみましょう。

2 あなたはバウンダリーの特徴、4つのタイプのうち、比較的どのタイプに近いと思われますか？
自分ではよくわからないという方は、家族や友人の意見を聞いてみましょう。

3 バウンダリーがうまく機能しないと、相手に依存し、巻き込まれたり、相手を支配しコントロールするというようなことが起こりがちです。もしもこのような体験がある方であなたが望むなら、安心して話せる方とシェアしてみましょう。

4 自分のバウンダリーをよりよく機能させるためにあなたが試みてみようと思うことはどんなことですか? また、以下の5つ以外に、あなたが心がけたいことはどのようなことですか?

①自分の考えや気持ちに耳を傾ける、感じ取る練習をする

②自分で自分に許可を出す

③少しずつ NO を伝えてバウンダリーを引く

④バウンダリーを何度でも引き直す

⑤許可や同意を得る習慣をつける

(⑥上記以外)

5 あなたは、これから家族のなかでどのようにバウンダリーの意識を育てていけそうでしょうか? 具体的な方策を考えてみましょう。

第4章

家族関係を見える化する

この章では、家族関係リテラシーの第2の要素、「現状理解」について考えてみたいと思います。何か物事を好転させようとするとき、欠かすことができないのが「現状を分析し理解すること」です。家族関係も全く同様です。

　しかし一方で、自分の家族のなかで起こっていることを「分析」するということに不思議な感覚を覚える方もいらっしゃるのではないでしょうか？　何か他人行儀で冷たい感じを受け、「家族に分析なんてそぐわない」と感じた方も少なくないと思います。そんな方は、「家族関係を改めて客観的に見つめる」ととらえていただいてもけっこうです。家族においては、関係が近いがゆえに、お互いに感情の渦に巻き込まれてしまい距離を保って見つめることが難しくなりがちです。「どうしよう……」、「困った……」と思っているうちに、どんどん時が流れ、お互いの溝が大きくなってしまうという状況に陥りやすいのもまた家族です。「なんかヘンだな」と思ったときに、一度立ち止まってあえてお互いの関係性を客観的に見つめてみることが重要です。

　さて、「現状を分析し理解する」と聞いて、あなたは何を思い浮かべるでしょうか？　営業職にある人は「今期の販売成績」が、主婦の立場からは「今月の収支」が、あるいは定期的に医療のチェックを受けている方は「今月の血液検査の数値」が浮かんできたかもしれません。これらは、いずれも数値で表すことができますが、家族関係は、客観

的な数字で示すことができないという難しさがあります。また、家族関係の現状を分析し理解しようとするとき、多くの場合は自身もその状況に深く関わっているため、客観的に考えにくいという難しさもあります。

この章では、家族関係特有の難しさを超えて、どうしたら家族のなかで起こっていることの全容を理解することができるのか、その方法についてご紹介したいと思います。

家族関係の現状理解の前提
1）自分も相手も物語を生きている

家族関係を見直すときに、「自分も相手も物語を生きている」という前提に立つことが不可欠です。

私たちは、誰もが「人生」という大きな物語の途上にいます。生まれてから今日に至るまで、あなたはどんな物語を紡いできたのでしょうか？　あなたの人生の物語を少し細かく見てみると、例えばそれは、「学校合格に至るまでの物語」、「結婚までの物語」、「妊娠から出産に至るまでの物語」など、いくつかの物語の連続だとも言えるでしょう。そしてさらにもっと細かく考えてみると、日々のささいな生活のひとこまのなかにもあなたの唯一無二の物語が存在します。

例えばあなたは、今朝、朝食に何を食べましたか？　私は、まず起きぬけにコーヒーを淹れ、たっぷりのお砂糖とミルクを入れてゆっくり飲み、それからホワイトチョコレ

ートがコーティングされたクッキーを2枚だけ食べました。
「えっ？ これが朝食？ たったこれだけ？」と思われた方も、「何か食べるだけでもいいんじゃない？」と思われた方もいらっしゃるでしょう。私が今朝、シンプルな朝食になったのは、今日はとても楽しみにしていた友人との特別なランチの日で、どうしてもお腹を空かせておきたかったからです。そして今朝はかなり気温が下がっていたので、昨日までのように牛乳ではなく温かいミルク入りコーヒーが飲みたいという気持ちもありました。できればチョコレートとクッキーですぐに血糖値を上げて頭をシャッキリさせたかったし、何よりパンもご飯もなかったという現実的な状況が相まってこのようになったのでした。つまり、「友人との特別なランチをとても楽しみにしていた私は、お昼までお腹を空かせておきたかったという事情があり、さらに今朝は気温が低く温かいものが飲みたかったこと、頭がボーッとしていてすぐに血糖値を上げたいと思ったこと、さらにそれしか食べるものがなかったので、お砂糖たっぷりのミルク入りコーヒーとチョコレートでコーティングされたクッキーを2枚、朝食として食べました」。これが私の今朝の朝食にまつわる小さな物語です。

　きっと、あなたの今朝の朝食にまつわる物語は、全く別のものでしょう。大げさなようですが、世界広しといえども、今朝の朝食にまつわる物語でさえ、全く同じだという人はほぼ存在しないのです。

物語を理解し合うことの大切さ

今朝の私の朝食が、コーヒーとクッキー2枚だと知って、「え？　これだけ？」と驚いた方、「不健康だな」と感じた方、「せめて果物を食べればいいのに……」と思った方もいるでしょう。しかし、「コーヒーとクッキー2枚」という事実だけではなく、友人との特別なランチを楽しみにしていたことなど、そこに至る私の物語を知ると、「そうか、なるほどね」と納得していただけるのではないでしょうか。

家族の誰かが、「約束していたのにすっぽかした」、「仕事に行かなかった」、「あからさまに乱暴な口をきく」そんな事実に直面したとき、「何で？」、「どうして？」と問い質し、非難したくもなりますが、そうするには相手なりの何らかの物語があると理解していれば、結果としての事実ではなく、そこに至る物語を知りたいという気持ちになるのではないでしょうか。

家族の誰かとの関係にモヤモヤした思いを抱いたとき、あなたのなかには相手の行動に対する違和感が高じていることでしょう。こうしたときにこそ、「人は物語を生きる存在である」という前提に立って、まずは相手の物語に関心を向け、理解しようと努めることを大切にしたいものです。

人が悪いのではなく、関係性がマズイ
1）直線的因果律ではなく円環的因果律

親、あるいはパートナー、子どもとの関係がどうもギクシャクしているとき、あなたはまず何を考えますか？

・これって私が悪いの？　私の問題？
・いやいや、やっぱり相手の問題。悪いのはあっち。

などと、どちらが悪いのか、どちらに非があって、誰が責任を取るべきかに思いを巡らせるのではないでしょうか。しかし家族は、単純に「何が原因で何が結果か」といった直線的因果律[1]ではとらえられない存在なのです。

例えば、山田さんと妻の場合を考えてみましょう。

　高校の教員として中間管理職を務める山田さんは、校内のさまざまなトラブルに直面し、眠れない日々が続いていました。そんな折、実母が急に亡くなり、葬儀の後から、朝起きることができなくなり、学校を休んでいます。受診したところ、うつ病と診断されました。妻は、山田さんのことが心配でたまりません。「今日は少し表情がいいみたい」、「やっぱり食べられないのね……」と一喜一憂し、妻も徐々に眠れなくなって体調もすぐれません。山田さんは、妻のことも気になっていますが、自分のことだけで精いっぱい。妻に心配をかけているいま

の自分が情けなく、ますます気分が落ち込みます。

　もともとの原因は、山田さんがうつ病で倒れたことであり、そこから妻が不眠になるという結果が生まれました。しかし山田さんから見れば、妻の体調まで悪化したことが原因となってますます自分の調子が悪くなるという結果が生じているのです。
　このように、家族のなかでは、ひとつの原因がひとつの結果を生み、それがすぐさまひとつの原因となってある結果を生み出す、というように、原因と結果がまるでループするように連なっているのです。

　もうひとつ、昨日佐藤さんのお家ではこんなちょっとしたもめごとがありました。

　　小学校5年生の正太くんは、最近ますますゲームに夢中です。正太君は友達が帰った後も、自分の部屋でゲームをしていました。
　　ちょうどその日は母親の誕生日だったので、夕食時にささやかなお祝いをしようと父親がケーキを買ってきました。いつもより早めの時間に夕食の料理がテーブルに

---

1) 中釜洋子／野末武義他『家族心理学　家族システムの発達と臨床的援助第2版』(10ページ)、有斐閣ブックス、2019年

並び、ケーキもスタンバイ。父親が2階の正太君に何度か声をかけますが、正太君はゲームに夢中です。父親は、2階に上がり、ついに子ども部屋のドアを開け、「何やってんだ。ゲームなんかやめて、下に下りてこいって言ってるだろう！　今日はママの誕生日だぞ！」ときつい口調で一方的に言い放ったのです。驚いた様子の正太君は階段を下り、しぶしぶテーブルにつきましたが、仏頂面でろくに口もききません。ケーキには手をつけず、「もういいでしょ」と言って2階の子ども部屋にこもってしまいました。母親は、大きくため息をつき、「あなたもあなたよ、何もあんな言い方しなくたって。違う言い方っていうものがあるでしょう！　最近あの子難しいのよ……」と父親をたしなめたのです。父親は、憮然とし、明らかに不快そうな表情を浮かべましたが妻の言葉には答えず、そのまま子ども部屋へ向かい、ドアを開けるなり、「何だ、あの態度は！」と大声で怒鳴ったのです。正太君は仕方なく謝ったようですが、翌日はろくに口をきかずに登校しました。

さて、この場面でいったい何が起こっていたのでしょうか。図1にも示しましたが、もともとの事のはじまりは、正太君が父親に呼ばれてもそれに応じなかったことです。それが原因となって、「父親の正太君への叱責」という結果が生まれました。「父親の正太君への叱責」は、正

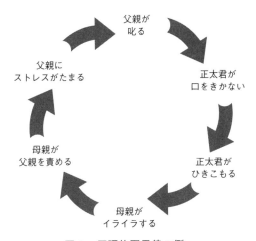

図1　円環的因果律の例

浅井伸彦編著『はじめての家族療法』北大路書房、2021年、28ページより一部改変

太君が父親に呼ばれてもそれに応じなかったことの結果です。しかし正太くんから見れば、父親の叱責が原因となって「ろくに口もきかない」という結果が生み出されました。しかし、母親から見ればそれがひとつの原因となって、母親の「夫をたしなめる」という行為が生み出されました。しかし父親からみれば、それが新たな原因になって、「父親の正太君へのさらなる叱責」という結果が生み出されたのです。

つまり、ここでも家族のなかでは、ひとつの原因がひとつの結果を生み、それがすぐさまひとつの原因となってある結果を生み出すというように原因と結果がグルグル連な

っていることがおわかりいただけるのではないでしょうか。

　正太君が父親に呼ばれたのに応じなかったのがそもそもの原因のようにも見えますが、父親が正太君をあのようなやり方で頭ごなしに叱責しなければ事態は変わったでしょう。また母親が父親をたしなめることをしなければ、父親のさらなる叱責にはつながらなかったでしょう。つまりこの場合、家族のなかでは、（明らかな暴力や虐待を除き）一方的に原因のみを作っている人もいなければ、結果のみを引き受けている人もいなかったのです。
　このように家族内では、出来事同士が相互に影響し合って、原因でもあれば結果でもあるといった込み入った因果関係（円環的因果律[2]）が成立しているのです。

2）人ではなく関係性に注目する

　それでは、家族のなかで起こっていることをどうとらえたらよいのでしょうか。ひとつの解決策は、人ではなく、関係性に注目することです。
　例えば佐藤家の出来事を考えてみると、正太君、父親、母親の誰か一人だけがこの状況を作り出しているわけではありませんし、誰か一人の原因として問題を解決することもできません。問題とすべきなのは、人ではなく、この3人の関係性の問題としてとらえ直す必要があります。
　母親の誕生日を祝いたいという温かな気持ちからはじま

ったことではありますが、父親は正太君を席に着かせるべく強くコントロールしようとし（**抑えつける関係**）、正太君は席には着いたものの、ろくに口もききませんでした（**反発する関係**）。それを見た母親は、父親の言動にダメ出しをし（**否定する関係**）、父親はこの母親の言葉が引き金になってさらに正太君を強くコントロールしようとするという関係性が生まれました。

　つまり、特定の誰かのせいではなく、この3者の関係性が、お互いの葛藤を助長したと考えられます。

　さて、それでは「関係性の問題」として考えてみたとき、関係性を変えるどんな方策が考えられるでしょうか。

　例えば、何度呼んでも食卓に着かない正太君を、最終的には父親が強く叱責していますが、その前に、父親自身が「まぁ、そうは言っても頭ごなしに無理やり席に着かせることはできないなぁ」と思い直してみるのはどうでしょうか。そして、父親が正太君を強く叱責するのではなく、扉ごしに「ママの誕生日、3人で一緒にお祝いしたいんだ。下りてこないか？」と声をかけ、それでも応じない場合には「先に食べちゃうよ。ケーキ、いらないんだったら、お父さんとお母さんで食べちゃうけどいいか」と、正太君に了解を取るのも悪くはないかもしれませんね。

2）前掲書（11ページ）

先の場面では、驚いた様子の正太君がしぶしぶ食卓に着いていますが、このときに正太君のバウンダリーを侵害してしまったことを謝れば、その後の展開は変わったでしょう。あるいは、母親が父親に、「いいのよ、そのうちに来るでしょう。二人で先にはじめちゃいましょう」と夫に声をかけてみるのもひとつだったかもしれません。

　またこの場面で、父親が強く叱責した後、母親が父親の行動をたしなめるのではなく、「ほんと、頭にきちゃうあなたの気持ち、よくわかるわ。親の言うとおりになんかならない年頃だもの。カッカしないで、二人でやりましょう」と声をかければ、父親が正太君を怒鳴るということもなかったかもしれません。

　とかく家族内では、「あなたが悪いのよ」、「冗談じゃない。オマエはどうなんだ」など不毛な責任のなすりつけ合いが起こったり、「私が悪い」、「オレの責任だ」とひたすら問題を抱え込んで話し合うことを避けたりしがちです。
　関係性の問題だと考えれば、犯人探しをすることなく、違った多くの方策を見出すことができるのです。

家族関係の現状理解に挑む
　これまで、家族関係の現状を理解するためには、①互いの物語を理解し合う、②関係性に注目するという二つのことが大切だと述べてきました。それでは、こうしたことが

可能になるためには、どのような思考過程、つまり頭の使い方をすれば良いのでしょうか。

1）メタ認知を磨き推察力を高める

 自分と他者の物語を理解するためには、メタ認知が必須です。メタ認知とは、認知についての認知、認知をより上位の観点からとらえたもので、自分自身や他者の認知について考えたり理解したりすること、認知をもう一段上からとらえること[3]を意味します。

 例えば、先ほど私の物語として、コーヒーとクッキー2枚で済ませた朝食のことに触れました。このことを書いているとき、私の頭のなかにはその日の自分の行動やそのときの状況、なぜ私がそうしたのか、当時の私の判断の詳細が蘇ってきました。すなわち私は、自分自身の認知をもう一段上からとらえる、メタ認知を使っていたのです。

 家族関係の現状を理解するときには、こうした自分自身の物語だけではなく、相手の物語を推察することも不可欠になってきます。例えば、佐藤さん一家のあの日、なぜ正太君は呼ばれても食卓に着かず、あれほど反抗的になったのか、なぜ父親は正太君を強く叱責したのか、それぞれのストーリーを考えてみることが大切です。もちろん、家族

3）三宮真智子『メタ認知 あなたの頭はもっとよくなる』（19ページ）中公新書ラクレ、2022年

といえども自分とは異なる別人格なので、推察するほかはありません。この、限られた情報から結論を導き出す「推察」のプロセスにおいて、他者の認知について考えたり理解するメタ認知が不可欠になるのです。

2)「俯瞰」によって感情を抑え混線した糸を解きほぐす

　家族関係の現状理解において、もうひとつ必要になる頭の働かせ方があります。それは「俯瞰」です。俯瞰とは、高い場所から全体を見渡すことを指し、転じて物事を広い視点から見て、全体の状況や関係性を理解することを意味します。

　家族関係がギクシャクしているとき、特に自分自身がその渦中にいる場合には、「なぜわかってもらえないのか」、「どうしたらいいのか」ということばかり気になったり、相手に対する怒りがこみあげてきたりして、冷静に全体の状況を理解するどころではないかもしれません。こうしたときにこそ、「俯瞰」を心がけることで、さまざまな感情から解放され、冷静に対応することができるのです。

　「俯瞰」するときには、ぜひ、トンビかタカが悠々と大空を旋回するように真上から、いま家族内で起こっていることを見下ろす意識をもっていただきたいと思います。俯瞰したときにいったい何が見えるのか、「俯瞰図」の一例として、これから「人間関係見える化シート」を紹介した

いと思います。

3）家族看護の領域で生まれたシート

　まずはこのシートの成り立ちをお話しします。このシートは、「家族看護」という領域から生まれました。家族看護には、家族の誰かが病気になったことで、家族全体のバランスが崩れ、さまざまな問題を抱えて悩む家族を支援する働きがあります。支援にあたっては、まず家族の関係性を理解することが必要になりますが、そのツールとして2003年に開発されたのがこのシートです。開発から20年以上が経過し、看護師をはじめさまざまな支援者に使っていただき、その数は優に1000例は超えています。そして2022年からは、NPO法人日本家族関係・人間関係サポート協会で開講している「かぞくのがっこう」で一般の方々にも紹介し、さらに、このシートを用いた個別セッションも実施しています。

4）シートに記入することで悩みを外在化する

　あなたは、何らかの悩みを抱えたとき、その悩みについてとりとめもなくノートに綴ったことはありませんか？頭に渦巻くモヤモヤを、言葉にしてノートに綴り、それを視覚で確認するという作業は、問題を外に出して、すなわち外在化して状況と距離を取り、客観的に見つめ直すという作用があります。

「人間関係見える化シート」も、これと全く同様に、問題を外在化するためのシートです。ただ、ノートに好きなように綴るのに比べ、考えるべき思考の内容がステップごとに示されているので、このステップに沿って考え記入することで誰もが問題の全体像を考えることができます。

5) 解決方法を提示するものではない

ただし、家族関係の悩みを、このシートに沿って記入していけば、自動的に解決方法が示されるというものではありません。このシートは、単にモヤモヤしている頭の中を整理する道具にすぎません。しかし、解決の方策を探るには、起こっている問題の全体像を把握することが必須です。漠然としてつかみどころのない悩みごとがクリアになりさえすれば、どうアプローチするか、その道のりは見つかるものと思います。

それではさっそく、ひとつの事例を「人間関係見える化シート」でひも解いてみましょう。今回、模擬事例として紹介するのは、40歳代女性、えりさんの困りごとです。

6) 人間関係見える化シートの具体例
【模擬事例　えりさんの悩み】

40歳代の女性えりさんは、夫と小学生の子ども2人の4人家族です。これまで、毎年夏休みには子ども2人を連

れて夫の実家に帰省してきました。今年もお盆が近くなり、えりさんは憂鬱な気持ちを抱えていました。

　夫は長男で、実家はかつてその土地で何代も続いた農家です。田舎の実家に帰省すると、長男の妻として帰ったその日から休む間もない家事が待っています。東京で生まれ育ち、いまも都内のオフィスで働いているえりさんにとって、なじみのない方言が飛び交い、プライバシーも保てない田舎の生活環境は疲れるばかりです。本家、分家などの人間関係も複雑で、1日3回の食事の世話、大量の皿洗いや洗濯で体力も奪われます。

　一方夫は、実家に帰った途端、両親の歓待を受け、のんびりとくつろいで両親に甘えているように見え、そんな夫にも腹が立ちます。

　フルタイムで働くえりさんにとっては夏休みは貴重な休日です。お土産を買い込み、家族4人分の旅費を使って疲れるために行くような帰省はやめにしてほしいと夫に言いました。しかし夫は、「そんなことできるわけないだろう。1年に1回なんだから、我慢してくれよ」と取り合ってくれません。これまでの結婚生活で衝突したこともありましたが、その都度話し合って何とか乗り越えてきました。

　　＊「人間関係見える化シート®」は、NPO法人日本家族関係・人間関係サポート協会のホームページ（https://famirela.com/library/）からどなたでもダウンロードすることができます。

しかし、この件については何度話し合っても最後は言い争いになり、同じことの繰り返しで後味の悪さが残ります。えりさんは、職場の同僚に相談したところ、「このシート、使ってみない?」と「人間関係見える化シート」を手渡されました。同僚の友人から書き方の簡単な説明を受け、えりさんはさっそく使ってみることにしました。

さてこのえりさんの悩み、皆さんはどのようにお感じになったでしょうか。
「人間関係見える化シート」に沿って考えてみましょう。
なお、「人間関係見える化シート」は、以下のような手順で考えていきます。

【人間関係見える化シートの分析手順】
①いつの、どんな場面に焦点を当てるのかを明確にする
②分析対象を決める
③文脈(ストーリー)と相互関係を考える
④パワーバランスと両者の心理的距離を考える

それでは、各分析手順を解説していきます。

①いつの、どんな場面に焦点を当てるのかを明確にする
あなたが気になっている相手との関係。もう長いこと膠

着状態が続いていることもあると思います。しかし反対に、日々、さまざまなことが起こり、相手との関係もめまぐるしく変化していくこともあるでしょう。分析にあたっては、いったいいつの場面、あるいは時期に焦点を当てるのかを最初に決めておくと、その時期や場面に集中して考えることができます。なお、「○○の場面」と決めてはいても、「あんなこともあった」、「こんなこともあった」と、異なる場面のことが浮かんだりすることもあります。それに気づいたら、「あっ、いまはこの場面のことを考えるんだった」と思考を切り替えて修正するようにしましょう。

　えりさんは、最初に、「お盆に田舎に帰ることで夫とケンカになった場面」と決めて分析することにしました。

　②分析対象を決める

　①で決めた場面や時期に登場する人物を最大３人まで取り上げ、シートの円のなかに記入します。多数の人が登場する場面でも、あえて焦点を当てたい人に絞って考えてみましょう。なお、Ａさん、Ｂさん、Ｃさん、Ｄさんの４人が登場する場面で、ＡさんとＢさんが同意見、ＣさんとＤさんが同意見でそれぞれ対立している場合には、「Ａさん・Ｂさん」と「Ｃさん・Ｄさん」というような取り上げ方も可能です。

　えりさんは、迷うことなく、「私」と「夫」と決め、記入しました（図２―①参照）。

人間関係見える化シート®

1. 取り上げる時期や場面 ： お盆に田舎に帰ることでダンナとケンカになった場面

2. 文脈(ストーリー)と相互関係

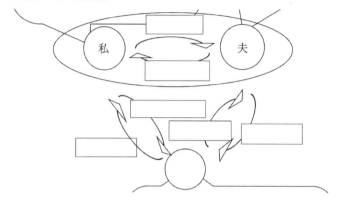

図2-① 場面と分析対象を記入する

③文脈(ストーリー)と相互関係を考える

まず、文脈(ストーリー)を考えます。先ほどお話しした、その人の「物語」を考えます。具体的には、「困りごと、対処、背景」という三つの視点を明らかにすることで浮かび上がってきます。

【困り事】……分析時期や場面でその人が悩んでいたこと、悩んでいること

【対処】…………困り事に対してその人がどのように対応しふるまっているのか、その人の行動

【背景】…………その人が、その対処を取っている要因

えりさんの文脈（ストーリー）

　えりさんは、シートの吹き出しのなかに、「困り事：お盆にダンナの田舎に帰るのが気が重い、イヤ」と記入しました。そして、「私はどう対処してる？」と問いかけた瞬間に、答えがすぐに見つかりました。「子どもとあなただけ帰ってよ。私は行かないってダンナに言った」。それがえりさんの答えでした。

　それから背景を考えることにしました。「私はどうしてこんなに気が重いんだろう……」と。そして、思いついた事柄をどんどんとシートに記入していきました。

- 帰れば朝から晩まで家事
- 立ちっぱなしで疲れる
- いろいろ気を遣う
- ダンナはやりたい放題　私は家政婦同然、ズルイ
- 貴重な休みを他のことに使いたい
- 交通費もバカにならない
- とにかく「長男の嫁」が重い

　どんどん書き出していきました。書けば書くほど気持ちが楽になるような気がしました。一方で、えりさんのなかには、こうしたことを夫に理解してもらうこともなしに、半ば諦め、我慢して、いままで何年も引き受けてきた自分

がかわいそうな気持ちが湧き上がってきました。

「ウーン、何だかかわいそうだな、私」とつぶやき、ため息をつき、シートを前にしばらくは頰杖をついていたのですが、それでもなお、まだスッキリしない何かが残っているような妙な感じがします。「これは何だろう？」としばらく考えてみましたが、なかなか言葉にできません。えりさんは翌日、シートを紹介してくれた同僚につぶやきました。

「だいぶスッキリしたんだけど、まだ何かが残ってる」
「へー、何だろうね」
お昼休みにシートを覗き込んだ同僚は、
「でさぁ、えりさん、自分の実家に帰ってるの？」と一言。

ふいをつかれたえりさんは、
「なかなか帰れないよ。最後に帰ったのは4年前の法事のときかなぁ」と言葉にしました。

そのとき、急に実家の両親のことが思い出されたのです。えりさんは兄との二人きょうだいです。兄家族が両親と同じ市内に住んでいるので、両親のことは兄にずっと「お任せ」してきました。SNSでは頻繁に連絡し合っていますが、最後に実家に帰省したのはもう4年ほど前の法事のときのことです。父親は今年80歳を超えました。まだまだ元気ですが、母親は膝、父親は腰の痛みに悩まされることが多くなっています。「心配しなくていいから」、「お金

もかかるし帰ってこなくてもいいよ」と両親は言いますが、本音を言えば、私だって実家に帰りたい。自分の両親のことを兄に押しつけているような後ろめたさも感じます。夫の実家に帰省することは年中行事になっていますが、そういえば夫から、「実家に帰らなくていいのか」と声をかけられたことは一度もありませんでした。

「あー、こんなのフェアじゃない」

「私だけがいろいろ大変で貧乏くじを引いている気分。ダンナはわかろうともしない」とシートに加えました。

えりさんはここまで書いて、自分にとっては過酷な夫の実家環境だけど、それだけではなく、夫婦間のアンフェアな現状がモヤモヤの核になっていることに気づいたのです。

「私は、お盆にダンナの田舎に帰るのが気が重い。なぜなら、帰れば朝から晩まで家事で立ちっぱなしで疲れるし、周りにいろいろ気を遣う。一方、ダンナはやりたい放題で、私は家政婦同然でズルイと思うし、貴重な休みを他のことに使いたい。第一、交通費もバカにならないし、とにかく「長男の嫁」が重い。そして本音を言えば私だって実家に帰りたい。こんなのフェアじゃないよー。私だけが貧乏くじを引いている気分。ダンナにわかってもらいたい。だから　私は行かないってダンナに言った」

えりさんはシートを見ながら、自分自身のストーリーを

つなげて確認をしました。
　それを見て、えりさんは、小さく何度もうなずきました。自分の胸の内が言葉になって表されたことで、えりさんはモヤモヤから解放され、とても冷静になっている自分を確認しました。

「わかった！　私のモヤモヤの正体！」
　翌日、同僚にそう伝えたところ、
「これまで、ダンナさんに伝えてた？　これってフェアじゃない気がするとか……」と同僚はすかさずつっ込みを入れてきたのです。
「言ったことないかも……」
「はぁ、一番大切なことだったりしない？　これって」
　それだけ言うと、同僚は、上司に呼ばれデスクに戻っていきました。

　いったい私はこれまで何を夫に伝えてきたんだろう？　えりさんは考えました。それまで必死の形相で伝えてきたのは、「家事の回し方が考えられないほど非効率で古い、昭和もいいところ。プライバシーがなく気を遣う」、「あなたと結婚したのであって、家の嫁になったわけではない」、「時代錯誤も甚だしい」などと実家のマイナス面ばかり。これでは夫は心のなかで耳を塞ぎ、最後は「もういいよ」とシャットアウトしてしまうのも仕方なかったのかもしれ

ません。でも、一番伝えたかったことは、「あなたが実家を、両親を大切に思うように、私も実家と両親を大切にしたい。これまであまり考えないようしてきたけれど、いまの状況、夫婦関係はアンフェアだと思う。お互いの両親をお互いに大切する関係を築いていきたい」ということだと気づきました。

夫のストーリー

自分の感情や思考を整理でき、冷静になったところで夫のストーリーを考えてみることにしました。

わかり合えないから困っているのです。理解し合うためには、夫の気持ちを推察するという作業が必要になります。相手の気持ちを推察するなどということはあまり気が進みませんでしたが、それでもえりさんは「いまの自分に見えている夫」を冷静になって書き出してみることにしました。

まずえりさんは、シートの夫の吹き出しのなかに、「困りごと：妻が実家に帰省しないと言い出したこと」と記入しました。そして、「夫はどう対処してる？」と問いかけた瞬間に、これも答えがすぐにみつかりました。「猛反対する」。フーッとため息をつき、それから夫の背景を考えることにしました。「どうして夫はこの件についてこんなに頑ななんだろう……」。思いついた事柄をどんどんとシートに記入していきました。

・両親や親戚に年1回、いい顔をしたい
・「いい嫁さんで幸せだね」と言われたい
・妻のことなど何も考えていない
・年に一度、幸せな家族ごっこをしたい
・帰れば両親に甘えられ、幼馴染にも会える
・何代も続いてきた実家の伝統、ルールを変えたくない

　ここまで書いて、「そうそう」と確信を深める気持ちと、反面、夫が少し気の毒なような気持ちも湧いてきました。言葉にすると、それが動かぬ事実のような気がして、何だか気が引けてきたのです。そして自分がいかに夫のことを否定的にとらえているのか、少し驚きもしました。
　「本当のところはどうなんだろう？」
　「夫はわかってくれないと思っていたけど、結局、私も夫のこと、よくわかっていないのかも」
　えりさんはつぶやきました。

相互関係を考える
　ここでは、俯瞰することにより、相互関係を考えます。真上から見たときに二人の関係性はどのような言葉で表すことができるでしょう。例えば、一方が「追う」ので他方が「逃げる」という関係性もあるでしょう。また、一方が「詰め寄る」ので他方が「応戦する」という関係性もあるでしょう。あるいは、一方が「頼る」ので他方が「応え

る」という関係性もよく見られます。二人の関係性がギクシャクしているときには、悪循環に陥っていることが多いものです。関係性を表す言葉を、シートのなかの関係性を示す矢印の四角のなかに描き入れます。

えりさんは、自分から夫への関係性を示す言葉として、まず「言い張る」を入れてみました。そして夫から自分への関係性を表す言葉もまさに「言い張る」であり、お互いに言い張って一歩も引かない関係性であることをいまさらながら確認しました。
「こんなことを続けていてもお互いに頑なになるばかりで埒があかないなぁ、まさに悪循環」
えりさんはそうつぶやきました。

④パワーバランスと両者の心理的距離を考える
パワーバランス
　ここでは分析対象とした二者のパワーバランスを考えます。3人を分析対象とした場合には、そのなかでも特に注目したい二者に限定して考えてみます。
　ここで言うパワーとは、相手をコントロールしたい欲求や不満、怒り、敵意、憎しみ、反発、あるいは愛情や関心、好意などの情緒的エネルギーを指しています。このようなエネルギーが、取り上げた場面では、通常の在り方に比べどう変化しているのかを考え、三角形の高さで示します。

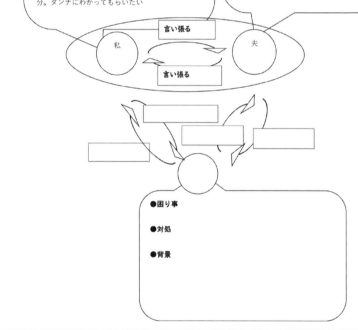

図2-② 困り事やお互いのバランスも書き込んでいく

3.パワーバランスと両者の心理的距離

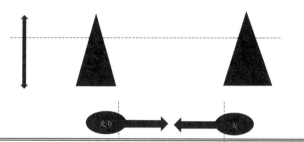

<気づいたこと>
- 夫への見方が一方的な決めつけになっている。
- 夫はわかってくれないと思っていたけど、結局、私もダンナのこと、よくわかっていない
- 夫婦の間でこれはフェアではないと感じるモヤモヤが大きい
- 本当の問題は、「田舎」じゃなくて夫婦の関係。
- 田舎の文句を言うのはやめよう
- 「これは夫婦の問題」。どうしたらお互いの実家に対する役割をフェアに分かち合えるのかを考える。

えりさんは、明らかに夫に対する不満が高じており、自分のパワーが強くなっていることを自覚していました。そして夫も、えりさんのパワーに押されまいと反発するパワーが強くなっていると考えました（図2—②）。

心理的距離
　心理的距離とは、バウンダリーが適正に保たれているかどうかを示すものです。二つの楕円の距離と動きで心理的距離を表します。
　それぞれが相手のバウンダリーを越えていると判断した場合には、楕円を点線の基準線を越えて相手側に移動させます。また、むしろ相手を避けるように自分が相手から遠ざかっていると判断した場合には、基準線から離れた位置に楕円を描き、矢印で動きを表します。

　えりさんは、夫にわかってもらおうとするがあまり、自分が夫のバウンダリーを踏み越えて侵入しがちであり、夫もそれを阻止しようとえりさんのバウンダリーに侵入しがちになっていると感じました。そして、それをシートに記入しました。

　えりさんは、「そうそう、二人ともパワーは強くなってお互いに譲らず、相手にどんどん迫っている感じ。いまの

夫と私の関係はまさにこんな感じだなぁ」と、書いた図を見ながらつぶやきました。

シートを用いた分析でえりさんが気づいたこと

ここまでの分析でえりさんが気づいたことは多々ありました。夫への見方が一方的な決めつけになっていて、実は夫がなぜそれほどまでに頑なであるのか、自分でもよくわかっていないことにも気づきました。しかし一番大きな気づきは、自分が夫の実家に帰ることに抵抗を感じていたのは、負担感だけではなく、むしろ「夫婦の間でこれはフェアではないと感じるモヤモヤ」だったと理解したことです。これまでえりさんは、夫の実家に帰るといかに自分が大変かを夫に訴えつづけてきました。いくら訴えても、そこで育った夫にはいまひとつ伝わらず、田舎の暮らしの問題を細々と指摘されるようで夫は不快感をにじませていました。

しかし本当の問題は、「田舎」ではなく、互いの実家や両親に対する役割を、夫婦で応分に分かち合えていない夫婦関係にあると「発見」したのです。

えりさんは、田舎が自分にとってはつらい場所であることを訴えるのはやめて、「これは夫婦の問題」であり、どうしたらお互いの実家に対する役割をフェアに分かち合えるのかを話し合うことにしました。そうすることで、いまの「お互いに主張し合う」という悪循環は解消され、何よりも自分自身が冷静になり、相手のバウンダリーを侵すこ

とのない関係性を保てそうに思えました。

　同僚の助けも借りて「帰りたくない、気が重い」という気持ちの裏側に隠れた理由がつかめたことは、えりさんにとってとても大きな気づきになりました。

7)「人間関係見える化シート」を使いこなす

　えりさんの事例を通して「人間関係見える化シート」の使い方を紹介してきましたが、いかがだったでしょうか。難しそうに感じた方もいらっしゃることでしょう。ここからは、使っていくためのヒントをいくつか紹介します。

全部埋めようとしない

　このシートは、思考を整理するための道具です。立派にシートを完成させることが目的ではないので、最初は、まずは自分が考えたいところに絞って部分的に使っていくことをお勧めします。自分のストーリーを考えたいのか、相手のストーリーに目を向けてみたいのか、お互いの関係性に注目したいのか、使い方はあなた次第です。

正解も不正解もない

　まずはあなたの思うがままに、自由にシートに記入してみてください。正解も不正解もありません。大切なのは、むしろ「そうそう、まさにそう」というリアリティー、腑に落ちる感覚です。ひと晩置いてみると、前夜とずいぶん

考えが違っていることもあるでしょう。何度でも書き直してみてください。自分の悩みやモヤモヤした感情と向き合うことは難しいものですが、このシートがそれを助けてくれることでしょう。

一人でも二人でも
このシートは、一人でもはじめることができます。自分の考えを文字にして外に出してみる作業は、混沌とした霞のなかからあなたを救い出してくれることでしょう。ただ、「どうもまだスッキリしない」、「うまく言葉にならない」と感じたときには、えりさんが同僚に意見を求めたように一緒に考えてくれる誰かがいるとずいぶんと助けられます。自己理解には限界があるからです。ほんの一言の「投げかけ」や「問い」が、ぐっと視点を拡げたり深めてくれることがあります。

8) シートで進める家族会議
これまで「人間関係見える化シート」の使い方についてお話ししましたが、最後にこのシートを用いた家族会議を提案したいと思います。
あなたの家庭には、「家族会議」という習慣がありますか？ いま、「家族会議」と聞いて、どんな印象をもたれたでしょうか？ なかには、「もうやってる」という方もいらっしゃるかもしれませんが、直観的に「家族で会議

なんてムリ」と感じた方も少なくはないでしょう。「職場でも会議、家に帰ってきてからも会議なんてやりたくない！」、「みんな時間がバラバラ。忙しくて会議どころじゃない」、「会議って、何やるの？　全くイメージが浮かばない」、「子どもが小さくて無理……」など、いろいろな声が聞こえてきそうです。それでもなお家族会議をお勧めするのは、実は話し合えているようで一番話し合えていないことの多い家族という空間に、あえて「話し合い」の文化を取り入れ、定着させていただきたいからです。家族はいわば「チーム」。気軽にこのシートを拡げた「チームミーティング」を取り入れてはいかがでしょうか？

　人間関係見える化シートは、一人で取り組むのも良し、誰かと一緒に取り組むのも良しですが、家族共有のツールにできると、小さな行き違いを早く修正することができます。子どもでも、小学校高学年になるとメタ認知が発達し、シートに沿って一緒に考えることが可能です。

　このシートは、家族以外に学校や職場の人間関係にも使うことができますので、家庭での人間関係を分析する習慣は、子どもたちにとっても、その後の人生に大きな強みとなって活かされていくことでしょう。ぜひ、家族の関係性を良好に保つツールとしてご活用いただきたいと思います。

参考文献

渡辺裕子監修:中村順子／本田章子／炭谷靖子他著、『家族看護を基盤とした地域・在宅看護論　第6版』(107-119ページ)、日本看護協会出版会、2022年

鈴木和子／渡辺裕子他『家族看護学　理論と実践　第5版』(98-107ページ)、日本看護協会出版会、2019年

渡辺裕子『コミュニティケア』2021年11月臨時増刊号(40-45ページ)、日本看護協会出版会

垣見留美子／株﨑雅子「行き詰まりを打開する渡辺式家族アセスメント／支援モデル」『訪問看護と介護』(102-108ページ)、2023年

第4章のまとめ

1 家族関係を分析的に考えるときには、「自分も相手も物語を生きている」という前提に立ち、互いの物語を理解し合おうと努めることが大切です。また、「人が悪いのではなく、関係性の問題だと考える」、つまり直線的因果律ではなく円環的因果律で考えることが不可欠です。

2 家族関係を分析的に考えるには、自分自身や他者の認知について考えたり理解したりすること、認知をもう一段上からとらえる「メタ認知」を磨き推察力を高めること、そして高い場所から全体を見渡し、全体の状況や関係性を理解する「俯瞰」によって感情を抑え混線した糸を解きほぐす作業が必要になります。

3 「人間関係見える化シート」というツールを使うことによって、家族関係の現状分析ができます。このシートは、「家族看護」の領域で生まれたシートであり、多くの家族の分析に用いられてきました。このシートは、記入することで悩みを外在化でき、問題と距離をとり、客観的に考えられるという効果

がありますが、直接的に解決方法を提示するものではありません。

4 「人間関係見える化シート」は、以下の4つの手順を踏んで考えます。
①いつの、どんな場面に焦点を当てるのかを明確にする
②分析対象を決める
③文脈（ストーリー）と相互関係を考える
④パワーバランスと両者の心理的距離を考える

5 「人間関係見える化シート」をうまく使いこなすには、最初からシートを完璧に全部埋めようとしないこと、そして正解か不正解かにとらわれず、自分の考えや感じ方をシートにリアルに表してみることを念頭に取り組むことが大切です。また、一人でも取り組むことは可能ですが、一緒に考えてくれる第三者と取り組むと視野が開けることがあります。

6 「人間関係見える化シート」は、家族で行き違いがあった際、家族会議で使うこともできます。家庭での人間関係を分析する習慣は、子どものその後の人生に大きな強みとなって活かされていくことでしょう。

ミニワーク

1 あなたの今朝の朝食、あるいは昨夜の夕食にまつわる物語を考えてみましょう。あなたはなぜそれを口にすることになったのか、どんな要因が重なってそれに辿り着いたのかを考えてみましょう。普段何気なく口にする食事にも、さまざまな偶然や、意図的な要因が重なり合っていることを発見するのではないでしょうか。

2 「メタ認知」を使う練習です。あなたはなぜ、この本を手にしようと思われたのでしょうか？ メタ認知を使ってそのときの自分の考えを明らかにしてみましょう。

家族の誰かにこの本の内容を伝えたとき、どんな反応が返ってくると思いますか？ メタ認知を使って推察してみましょう。

3 ご自分の家族内でのもめごとをシートに落として考えてみましょう。

第5章

家族関係の肝は
コミュニケーション

さて、この章では、「家族関係リテラシー」の三つめの要素、「コミュニケーション」について考えることにします。家族とのコミュニケーションが「イマイチ」だと感じ、どうしたものだろう？と考えている皆さんに、ひとつでもヒントを届けられたら幸いです。

　最初に、コミュニケーションの構造について確認しておきましょう。右の図は、一般的なコミュニケーションの構造です。

　この図のとおり、私たちは自分自身の認識、具体的には、価値観、人生観、人間観、世界観、自己概念、職業、性格などというフィルターを通してこの世界を知覚し、それを言葉やしぐさなどに変え（記号化）相手に信号を送っています。受け取る人は、相手から送られてきた信号を受信し、受信した情報をその人の認識というフィルターを通して解釈しています。そして、解釈した内容を記号化し、送信するという繰り返しがコミュニケーションのプロセスです。

　全く同じ価値観、人生観の人はいません。また、知覚したことを言葉やしぐさに記号化するプロセスにおいても、知覚したことを100％適切に記号化できるとは限りません。「えっと、そういうことじゃないんだけど、うまく言葉にならない」ということは、誰にでもあることです。こう考えてみると、「伝えたかったこと」と相手が受け取ったこととの間には必ずズレが生じると言えます。

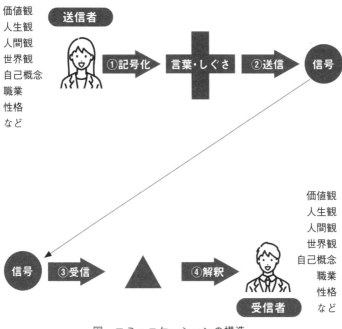

図　コミュニケーションの構造

(一般社団法人メディエーターズ：動画「人間関係のトラブルの解決　トランスフォーマティブメディエーション」より一部改変)

なぜ家族間のコミュニケーションはこうもズレやすいのか

　先に述べたように、人と人との間で繰り広げられるコミュニケーションは、その構造から、ズレは避けられないものです。特に家族の間では、「以心伝心」、「ツーと言えばカー」などと「わかり合える関係」であることが強調されてきました。しかし実際には、「家族だからこそズレる」

という側面があることはこれまで述べてきたとおりです。それはなぜなのでしょうか。

1) 家族であるという身内意識

まず考えられるのは、「夫婦だから、親だから、子どもだから、きっとわかってくれるに違いない」という甘えが考えられます。「甘え」というとちょっとキビシイかもしれませんが。つまり、職場や学校、友人であれば、言葉を尽くして説明することも、家族に対しては「メンドクサイ」、「そこまで言わなくてもわかるでしょう」という身内意識から、理解し合う努力を怠りがちになることはないでしょうか。家族とは、社会の波風から護ってくれる安らぎの場ではありますが、その安らぎの場は、お互いに理解し合う努力の積み重ねによって手に入るものです。そう言えば、昭和のテレビドラマに出てきた夫は、妻に「そんなこと言わなくてもわかるだろう！」、「一を聞いて十を知るという言葉を知らんのか！」とよく怒鳴っていました。テレパシーを扱う宇宙人ではないのですから、たとえ身内であろうとも、心を尽くして説明する努力を続けたいものです。それが家族に対する適切な愛情の示し方というものです。

2) 相手への決めつけ

「いえいえ、夫はそんな人じゃないんです」、「夫に言っても通じませんよ」、「それは無理でしよう。うちの妻に

は……」。そんな言葉を数え切れないほど聞いてきました。「夫婦ですからね、私が一番よくわかっているんです」という言葉も同様です。現在の日本社会では、近しい関係の家族メンバーに対して、固定的、かつ強固なイメージをもち、決めつけてしまうということが起こりがちです。

　一方で、「厳しい病状は夫には言わないでください。そんなことを言ったら夫は気落ちして窓から飛び降りるかもしれません。あの人、そんな強い人じゃないんです。私が一番わかっているんです」と妻は強く訴えていましたが、病状を知った夫は驚くほど冷静で、黙々と終活に励み、むしろ妻をしっかりと支えるといったご夫婦も多く見てきました。

　人は生涯変化し続ける存在です。また、相手や場によって見せる顔も異なるものです。そうしたことを考慮せず、古い眼鏡をかけ続けて相手の変化に気づかないといったことが起こりがちなのもまた家族だからではないでしょうか。

3) 心理的距離の近さが阻害する「聴くということ」

　夫婦でも親子でも、関係が近いがゆえに自他の区別がつきにくいのもコミュニケーションがズレるひとつの要因です。つまり、「私は私、相手は相手」と、相手を自分とは全く異なる一個の人格とみなして「話を聴く」ことが難しいのです。他人ならば腰を据えて冷静に話を聞くことができても、ひとたび家族となると、はなから「そうじゃない

だろう」、「ちがう、ちがう、アナタ、何にもわかってない！」などと、さまざまな感情とともに相手をコントロールしたい衝動がこみ上げ、まともに話を聴くことさえできないという体験、皆さんにもあるのではないでしょうか。自分と同じ考え、感情の人はいないとわかっていても、なかなか理屈どおりには割り切れない難しさがあります。伝えようとしても受け取ってもらえない……そんなジレンマがコミュニケーションのズレを大きくしていることはないでしょうか。

4）曖昧な喪失による感情の揺らぎ

「言っても仕方ないとわかっているのに、どうしても「こんなことぐらいなんでできないの！」と怒っちゃう。そして後からそんな自分に落ち込むんですよね。親のこととなると冷静ではいられない。何ででしょうね？」。そう考え込む人と多く出会ってきました。親が認知症であることも、責めても何も解決もしないことも頭ではわかっていても、こみ上げる感情の嵐をコントロールできない。親と触れ合いたいと思いつつ、自らコミュニケーションを閉ざしてしまう。それが家族を介護する人の大きな悩みのひとつです。

制御できない感情は、怒りとして表出されることが多々ありますが、その奥に、「曖昧な喪失」[1]による悲しみの感情が隠されていることがあります。存在としてはそこに「在る」けれど、自分が大切にしている家族のイメージは

どんどんと失われていくという「曖昧な喪失」は非常につらい経験です。

これは、長い歴史と生活体験を共有する家族だからこそ生まれる感情です。その感情の揺れによって、相手からの情報をうまくキャッチできず、また自分でも考えてもいなかったような言葉を投げつけてしまうというコミュニケーションエラーが起こります。

めざすは対等で共感的なコミュニケーション

家族間のコミュニケーションの難しさについて考えてきましたが、それでは私たちはこうした「家族ならではの陥りやすいリスク」を乗り超えて、どのようなコミュニケーションをめざし、どのような関係を築いていくことができるのでしょうか。

そこで、いったい世の中の夫婦は、どのようなコミュニケーションをはかっているのかを見てみたいと思います。平山・柏木[2]は、2001年、夫婦間コミュニケーションの態度について以下の4つの特徴を示しています。それぞれ

1) ポーリン・ボス著、中島聡美／石井千賀子訳『あいまいな喪失とトラウマからの回復：家族とコミュニティのレジリエンス』誠信書房、2015年
2) 平山順子／柏木惠子「中年期夫婦のコミュニケーション態度：夫と妻は異なるのか？」『発達心理学研究』2001年12月（3）（216-227ページ）

のタイプのバランスは変化しているかもしれませんが、この４つのタイプそのものについては、現在も夫婦間コミュニケーションのありようを十分に説明するものではないでしょうか。

　①威圧
　命令口調で、気に入らないとすぐに怒る。小ばかにした受け答えをする。「要するに」と言って結論をせかす。まともに取り合わないといった態度です。二人の関係は、パワーが強い側が相手を見下すような非対称な関係性です。
　②無視・回避
　いい加減な相槌を打つ、上の空で聞く、都合の悪い話になると黙り込むといったパターンです。激しくやり合うことはないものの、二人が向き合うことはなく、関係が深まることはありません。
　③依存的接近
　迷いごとがあると相手に相談する。重要なことの決定は、相手の意見に従う。うれしいことがあると、真っ先に報告する。心を開いて内面的な突っ込んだ話をする。感情を豊かに表すといった態度です。一見親密な関係性とも言えますが、両者の間に上下関係があり、一方が相手に依存する非対称的な関係性です。
　④共感
　悩みごとを親身になって一緒に考える。元気がないとき

に優しい言葉をかける。共感しながら誠実に耳を傾けるといった態度です。どちらがどちらかを牛耳ったり、どちらかがどちらかにもたれかかる、依存するというのではなく、対等な関係性です。

さて、皆さんのパートナーとのコミュニケーションの態度は、現状ではどのタイプでしたか？　そしてどのようなコミュニケーション態度が理想でしょうか？

「命令」、「無視・回避」を理想と考える方は多分いらっしゃらないでしょう。特に「命令」は、パワーハラスメント（人権侵害）も懸念されます。しかし「依存的接近」はいかがでしょうか？　「依存的接近」は、「大切なことは相手が決めてくれるので気が楽」だと感じる方もいらっしゃるかもしれません。ところが、「相手が決めてくれるので気が楽」だという認識も、やがて長い年月を経るなかで、「自分がいつも我慢している」という思いに変化していくことはないでしょうか。

中高年夫婦を対象とした調査によれば、「相手の主張を取り入れることが多くて自分が我慢していることが多い」という認識（低勢力認知）は、夫と妻、両者において離婚願望との関連が見られ、特に妻においてはより強く離婚願望と関連していることが明らかになっています[3]。

夫婦間で、どちらかが「自分が我慢している」、「相手は何かにつけて自分の都合を優先させる」、「自分ばかり貧乏

くじをひいている」という不公平感を抱いているような関係性は、結婚生活の継続性を脅かす問題に発展していくリスクをはらむものです。夫も妻も人として対等であり、互いに人権を認め合い、主張し合うだけではなく共感的に受け止め合うコミュニケーションこそ、めざすべき方向性ではないでしょうか。

コントロールも支配もしない親子関係

　夫婦間の関係性について考えてきましたが、それでは親子間ではどのような関係性をめざすのが良いのでしょうか。

　さきほど家族間では、バウンダリーが曖昧になりやすいと述べてきました。そのバウンダリーが最も曖昧になりやすいのが親子間です。「子どもは親の分身」だとばかりに、本来は子どもが考え、子どもが決めるべきこともすべて親が先回りしたり、子どもの失敗も親が尻ぬぐいをしがちになることはこれまでも述べてきたとおりです。親のパワーが勝り、親が子をコントロールしたり支配する。つまり親が優位で子どもが配下に置かれるという関係性はめずらしくないのではないでしょうか。

　もちろん子どもが車道に飛び出すなど危険な目にあいそうになったら、親は力づくでもそれを阻止しなければなりません。しかし、子どもには子どもの人権があり、親とは異なる独立した個人ですから、本来、コントロールすることも支配することもできない存在なのです。

まず私たちは、「親や大人の言うことや考え方に、子どもが従うのは当然」という考え方を手放す必要があります。そして、子どもの気持ち、関心や興味、「やってみたい」という自主性を大切に、自分とは別人格である子どもと、「人と人として心が通じ合っている」と感じられる時間を積み重ねることを大切にする必要があるのではないでしょうか。

子どもと心を通わせるためにできること

　子どもと心を通わせるために、まず大切なのは、「自分の価値観を棚上げする」ことです。子どもが困っていたり悩んでいたりするときに、「そんなことで悩む必要ないよ」と強く励ましたくなりますが、「そんなことで悩む必要がない」というのは大人の価値観です。子どもは、「悩むことまで否定された」と感じるかもしれません。悩んでいることを認め、「その悩みはどこからくるんだろう」と一緒に考えてみるのはどうでしょう。そのときに、解決の方法を先回りして提示せず、その子なりのトライアル・アンド・エラーを見守ること、そしてつまずきそうなタイミングを見計らって手を差しのべることができると、子どもとの心の絆、信頼はより確かなものになるでしょう。

3）伊藤裕子／相良順子「中高年期の夫婦関係における低勢力認知」『中高年の夫婦関係　結婚コミットメントとジェネラティヴィティの視点から』（111-118 ページ）、ナカニシヤ出版、2019 年

見守ることもタイミングを見計らうことも、表面的にはさして大きな動きの見られない地味な関わりですが、「大丈夫だろうか？」という自分自身の不安と闘いつつも常に子どもから目を離さず、「そのとき」に備えて体制を整えておくことは、親にとってはとてつもなく難易度の高いことです。ついつい「待っていられない」という気持ちにもなりますが、子どもと心を通わせる時間を積み重ねるためには、親のコントロールしたくなる気持ちを抑え、対等な存在として寄り添う「一歩引いた」付き合い方が大切ではないでしょうか。

　夫婦においても、親子においても、家族間の関係性は、「人として対等」であることが大前提です。自分を大切にすると同時に相手も尊重するという姿勢を崩さない共感的コミュンケーションをめざしていきたいものです。

家族間のコミュニケーションのカギは「感情」
　しかし、現実にはそううまくはいかないのが人の常。「はいそうですか」とすぐに実行に移すことができれば、家族の関係性も良くなるでしょうが、なかなかそうもいきません。
　なぜこうも家族とのコミュニケーションは難しいのでしょう。これまで繰り返し述べてきたように、家族ならではの「距離の近さ」、そしてそれによって湧き上がってくる

「感情の揺らぎ」が適切なコミュニケーションを阻害することが多いのではないでしょうか。家族間のコミュニケーションのカギはズバリ！「感情」にあります。

そこでここでは、「感情」をどのようにコントロールしたらいいのか、さらに「感情をどう伝え、どのように受け止めればよいのかをNVC[4]（非暴力のコミュニケーション）の考え方を参考にして考えてみたいと思います。

自分の感情を粗末にしないこと

前述したように、私たちの人生において、一番長い付き合いになるのは、パートナーや子どもでも職場の上司や部下でもなく、自分自身です。その自分を決して粗末にせず、大切に扱うことは人生の大原則です。そのなかでも、自分の感情を大切にすること、自分の感情に責任をもつことは、他者とのコミュニケーションにおいてとても大切なことです。

私たちは、実にさまざまな感情を体験しますが、そのひとつひとつの感情に「良い」も「悪い」もありません。すべての感情は私たちに重要なことを教えてくれる大切なサインです。例えば、パートナーに約束をすっぽかされたと

4）マーシャル・B・ローゼンバーグ著、安納献監訳、小川敏子訳『NVC：人と人との関係にいのちを吹き込む法（新版）』（97-126ページ）、日本経済新聞出版、2018年

き、あなたはきっと怒りを覚えるでしょう。その怒りは、あなたにとって必要なもの、つまりニーズが満たされていないことを教えてくれているのです。このときあなたが感じている怒りは、「自分がパートナーから大切に扱われたい」というあなたのニーズが満たされていないことをあなたに教えてくれているのです。

　しかし私たちは、これまでの人生のなかで、「いつも笑っていなさい」、「怒っちゃダメ」、「泣くのはみっともない」などと「良い感情と良くない感情」、「出して良い感情と出すべきではない感情」があると刷り込まれてきました。特にネガティブな感情は、表に出さないように抑圧しがちですが、その奥にある本当の願いこそが自分らしさであり、自分が一番望んでいることなのではないでしょうか。

　ネガティブだと言われる感情のなかで、最も扱いが難しいのは「怒り」です。怒りを他者にぶちまければ、相手をひどく傷つけ、結局は自分も傷つきます。しかし、怒りを改革や改善のエネルギーに振り向ければ、世の中を大きく変える力にもなります。実際、これまで社会を改革してきた先人たちは、とてつもない大きな怒りのエネルギーを、国や地域を変革することに振り向け、数々の偉業を成し遂げてきました。ネガティブと言われる「怒り」もまた、あなたの大切な感情です。まずはすべての感情を認め、大切に扱うことを心がけたいものです。

共感すべきはまず自分自身

家族とのコミュニケーションにおいてめざすべき姿は、対等で共感的コミュニケーションだと述べました。一般的に共感とは、他者への共感を意味しますが、他者に共感するためには、自分自身が自分の感情を受け入れていることが大切です。

例えば、朝、なかなか起きられないという子どもと話しているとしましょう。「体調が悪いのかな」、「しんどいのかな」と思う一方で、「早く起きてくれないと一日が回らない」、「今日は仕事に穴はあけられない」という気持ちもよぎることでしょう。このままの気持ちで子どもと接すると、「ママは心配してくれるそぶりを見せながら結局は自分のことしか考えていない」といったメッセージを子どもに送ることにもなりかねません。「一日を予定どおりに回したい」、「仕事に穴をあけたくない」というのもあなたの大切なニーズです。このようなときに、動揺している自分の感情に気づき、「子どものことも心配だけど、そりゃ困っちゃうよね。当たり前のことだと思うよ。だって一日をちゃんと回したいし、仕事に穴はあけたくないんだから」と、自分自身にしっかりと共感し、自分にOKを出すと、かえって子どもの話をじっくり聞き、話し合う余裕が生まれるのではないでしょうか。相手に共感するためには、自分で自分にしっかりと共感する、すなわち自己共感[5), 6)]が必要です。

なお、自己共感とよく似た考え方に、セルフ・コンパッション[7]という概念があります。セルフ・コンパッションは、自己共感にさらに一歩進めた概念で、自分に対して思いやりをもつことを強調しています。これは、自分自身を優しく扱い、困難な状況でも自分を励まし、サポートする態度です。セルフ・コンパッションは、①自分を批判するのではなく、優しさと理解をもって自分に接すること、②自分の経験や感情が自分だけではなく、他の人々と共通していることを認識し、孤立感を和らげること、③自分の感情や考えを客観的に観察し、現在の瞬間に集中するマインドフルネスを用いること、この三つの要素からなります。

自己共感は自分の感情を理解し受け入れるプロセスであり、セルフ・コンパッションはその上に自分に対する優しさや思いやりを加えたものです。感情を揺さぶられることの多い家族とのコミュニケーションにおいて、どちらも感情をコントロールするための非常に重要な要素です。

ポリヴェーガル理論を取り入れ感情を整える

さて、「感情をコントロールする」ことについて考えてきましたが、私たち人間は、「感情」が独立して存在するのではなく、その感情によって身体も自動的に反応します。さらには、「思考」や「行動」も影響を受けます。それは、自律神経による命を守ろうとする働きによるものです。そして逆に、身体（自律神経）を整えることによって

感情もまた変化するのです。

　ポリヴェーガル理論[8),9)]とは、こうした働きをもつ自律神経を、交感神経と二つの迷走神経(背側迷走神経複合体・腹側迷走神経複合体)の三つの神経でとらえる考え方です。漢字表記が難しい印象を与えるので、交感神経は「赤の神経」、腹側迷走神経複合体は「緑の神経」、背側迷走神経複合体は「青の神経」と、しばしば色で表されます。

　感情と身体、思考、行動との関連を見てみましょう。例えば、パートナーと口喧嘩をしているときのあなたは、目じりが吊り上がって眉間にしわが寄り、視野狭窄になって

---

5) マーシャル・B・ローゼンバーグ著、今井麻希子／鈴木重子／安納献訳『「わかりあえない」を越える:目の前のつながりから、共に生きるコミュニケーション・NVC』(107-113ページ)、英治出版、2021年
6) koko(丹羽順子)『NVC　非暴力コミュニケーションワークブック:親と子どもが心でつながる「キリン語」の子育て』(44-45ページ)、小学館、2024年
7) クリスティン・ネフ／クリストファー・ガーマー著、富田拓郎監訳『マインドフル・セルフ・コンパッション　ワークブック:自分を受け入れ、しなやかに生きるためのガイド』星和書店、2019年
8) 吉里恒明『ポリヴェーガル理論がやさしくわかる本』(46ページ)、日本実業出版社、2024年
9) 吉里心理士『心療内科の臨床心理士が伝える最新メンタルヘルス入門』(138-173ページ)、リボンパブリッシィング、2022年

いるのではないでしょうか。また顔が赤らみ、少し動悸がしているかもしれません。考え方も「それは正しい／それは間違い」といった0か100かをジャッジするような思考が前面に出て、ますます怒りや不愉快な感情に翻弄されるのではないでしょうか。こうした一連の変化は、交感神経（赤の神経）が強く働いている反応でもあります。

一方、あなたが口もききたくないほどに疲れはてているとします。こんなことではダメだと自分を責める気持ちが湧き上がり、身体が重く感じ、動きたくない感じがするでしょう。誰とも接したくなくなり、食欲もイマイチ。呼吸は浅くゆっくりとしたものになり、実は血圧も下がり気味で脈拍は遅くなります。笑顔がなくなるのはもちろんのこと、表情は乏しくなります。こうしたときには「もうダメだ」、「もういいや」、「どうせできない」などと考えることが多くなるでしょう。このような一連の変化は、背側迷走神経複合体（青の神経）が強く働いている反応でもあります。

また、久しぶりに家族とゆっくり過ごし、満ち足りた時間を過ごしているときのあなたは、脈拍や血圧もちょうど良く、呼吸も安定しているはずです。顔の表情は目元が柔らかく目じりが下がり、声の高さも甲高くも低くもなく自然な感じです。相手に安心感・安全感を与えるような雰囲気が漂っています。このような身体の反応になっているときには、あなた自身も安心感・安全感に満たされ、穏やかで温かく家族との一体感を強く感じているでしょう。この

ような一連の変化は、腹側迷走神経複合体（緑の神経）が強く働いている反応でもあります。

このように、感情によって身体（自律神経）は変化しますが、前述したとおり逆に、身体、すなわち自律神経の状態を整えることによって感情もまた変化します。緑の神経を増やすような身体づくりによって感情もまた安定させることができるのです。

感情が身体を整える

生活のなかにマインドフルネス、すなわち「いまここにあるものに心をこめる生き方」を取り入れることによって腹側迷走神経複合体（緑の神経）が強く働くことが知られています。また、身体を触ったり、自分が気持ちが良いと思う体験を見つけて増やす試みをすることも推奨されています。安心感、安全感を強く感じるような「緑の人」、すなわち腹側迷走神経複合体（緑の神経）が強く働いている人と接するように心がけたり、雲や夕日などゆっくり動いているものを見ることも有効です。さらに、腹側迷走神経複合体（緑の神経）は顔に多く分布しているので、顔や目を意識的に動かす体操も効果的だとされています。くわしくは、参考文献[10]をご覧ください。

自律神経は他人の自律神経とともに動くという性質を

10）浅井咲子『「安心のタネ」の育て方』大和出版、2021 年

もっています。あなたの身体が「赤」だと相手の身体も「赤」になりやすく、あなたの身体が「緑」だと相手の身体も「緑」になりやすいのです。「赤は赤を呼び、緑は緑を呼ぶ」というわけです。あなたがよりマインドフルな生活を送ってより緑になることは、家族全員がより緑になることにつながります。

感情をうまく伝えるために

ここまで、家族とのコミュニケーションの前提として、感情をどのように整えるのか、さらには、感情とつながる身体をどう整えるのかについて考えてきました。さて、次は、「感情」の伝え方について考えてみたいと思います。

第3章で感情のバウンダリーについてもお話ししました。あくまでも対等に互いの人権を尊重するためには、感情のバウンダリーを不用意に踏み越えない配慮が必要です。少なくとも、怒鳴る、わめき散らす、舌打ちをする、不機嫌を露わにする、苛立って物にあたる、あからさまなため息をつく、顔をしかめる、無視する、といった行為はNGです。怒りや不愉快な感情は、たとえ相手の言動が発端になったとしても、それは自分自身のものです。自分のなかで湧き上がった感情は、相手にぶつけて溜飲を下げるのではなく、相手が受け取れる方法で差し出し、互いの理解を得ていかなければなりません。

それでは、感情のどんな差し出し方があるのでしょうか。ここでは、「私メッセージ」を提案したいと思います。「私メッセージ」すなわち「私は」という主語をつけて伝える言い方です。「私は、うれしいです」というポジティブなメッセージは伝えやすくても、「頭にきた」、「イライラした」、「落ち込んだ」、「ムカついた」、「悲しい気持ちになった」、「情けない気持ちになった」、「切なかった」などの感情はなかなか伝えにくいものです。「私は」と主語をつけることで、ほかならない自分の感情だという責任の所在を明確にすることができますが、一方で、まわりくどい言い方になりがちというデメリットもあります。「私メッセージ」などと悠長なことでは伝わらないと感じた方は、日頃の会話がやや攻撃的でバウンダリーを踏み越えたものにな

「あなたメッセージ」と「私メッセージの比較」

あなたメッセージ	私メッセージ
あなた、また帰りが遅いのね。	私、心配になるよ。毎日帰りが遅いから。
あなた、また散らかして！ さっき片づけたばかりなのに。	私、何だかガッカリな気分。さっき片づけたばかりだから。
あなた、どうしていつも忘れるの？ ゴミ出ししてねって、念を押したのに。	私、何だか悲しいわ。話し合って決めたことなのに、来週までゴミが出せないなんて。
あなた、その音、何とかならないの！ うるさいよ！	私、その音、すごく苦手みたい。気になって頭が痛くなる。
あなた、さっさと早く食べなさいよ。お料理冷めちゃうじゃない！	私、お料理が冷めちゃうってやきもきしちゃう。おいしく食べてもらいたいから。

っていないかを点検してみてはいかがでしょう。

　比較表を見てみると、「私メッセージ」だと相手の感情的バウンダリーを踏み越えず、自分も大切にできることがおわかりいただけるのではないでしょう。

　この「私メッセージ」は、子どもとの会話でもぜひ大切にしていただきたいところです。子どものコミュニケーション力の低下が危惧されていますが、友だち同士、あるいはきょうだい間の会話のなかで、「もたもたするなよ。うざいんだよ」といった「あなたメッセージ」の攻撃的な表現が散見されています。「ボク、せっかちなんだ。ちょっとイライラしてるかも」と「私メッセージ」で表現すれば、相手も傷つけずに自分を表現することができます。まずは親子の会話のなかで、意識して「私メッセージ」を心がけていただきたいと思います。

感情を受け止め合うことの大切さ

　さて、次は「感情の受け止め方」です。皆さんは、家族にどれほど感情を表出しているでしょうか。昨今は、SNSのグループ機能を使って家族内で情報を共有している家庭もとても多くなっているのではないでしょうか。手軽にさまざまなスタンプを使いこなして、微妙な感情の機微を伝え合うことができる時代になりました。言葉を尽くして話し合うよりも、一個のスタンプで「わかり合える」感覚が生まれることも少なくありません。

手段はどうであれ、夫婦間、特に子育て期の妻は、会話時間と夫への自己開示が夫婦関係満足度を大きく規定するという報告[11]があります。また、中年期の夫が妻に感情を表出することは、夫の夫婦関係満足度と強く関連し、妻に自己開示すること――できることは、精神的健康を維持する上で重要な要因だと推察されています[11]。パートナーに自己開示ができ、「自分の気持ちを受け止めてくれる」存在だと感じられることは、夫婦関係満足度を左右する重要なファクターだと言えるでしょう。

感情を受け止め合うためにできること
　しかし、なかなかそれが難しく、苦戦しているというカップルは多いのではないでしょうか。ここでは、そのためにできることを考えていきたいと思います。

　①リポートトークとラポートトークの両刀使い
　柏木[12]は、夫婦のコミュニケーションについて、「リポートトーク」と「ラポートトーク」の二つのタイプを示し

11）伊藤裕子／相良順子／池田政子「夫婦のコミュニケーションが関係満足度に及ぼす影響：自己開示を中心に」『文京学院大学人間学部研究紀要』Vol.9, No.1（1-15ページ）2007年12月
12）平木典子／柏木惠子編著『日本の夫婦：パートナーとやっていく幸せと葛藤』（25ページ）、金子書房、2014年

ています。「リポートトーク」とは、仕事、職場を生活の場とする夫が多用するコミュニケーションであり、簡潔、理論、抽象を特徴とします。一方、「ラポートトーク」とは、子どもや近隣が生活圏である妻が多用するコミュニケーションであり、具体的で詳細、かつ感情豊かに表現することを特徴とします。このように対照的で異質なスタイルをもった夫と妻は、同じ日本語を話しているのに相手になじまずコミュニケーションに問題が生じると指摘されています。

　しかし、専業主婦と仕事をもつ妻の割合が逆転して久しい現在、リポートトークを求められる妻は増えています。また逆に、育児休暇を取得し、ママ友との付き合いを体験する夫も増加しているのではないでしょうか。夫も妻も、「レポートトーク」と「ラポートトーク」の両者を使いこなし、感情を受け止め合うときには双方「ラポートトーク」にチャンネルを合わせることが必要です。

　②最初にニーズを伝える
　感情を受け止めてもらいたくて話しはじめたら、相手がそれに対するアドバイスや分析をしはじめて残念な気持ちになったり、逆にアドバイスや提案がほしくて話しているのに、「大変だね」などという相槌ばかりで不満に思ったことはありませんか？　こちらが何を欲しているのかを察してほしいというのはひとつの「甘え」かもしれません。

自分が何を望んでいるのか、例えば、「アドバイスや提案がほしいんだけど」とか、「アドバイスは求めていないんだけどね」などと最初に示しておけば、すれ違いは防ぐことができます。「愚痴なんだけど聞いてくれる？」、「このことについて意見がほしいんだけど」、「具体的な提案、お願いします」、「気持ちの収めどころがなくてモヤモヤしていて、聞いてくれるだけでありがたい」など、さまざまなバリエーションを駆使して、相手に何を望んでいるのかを伝えておきたいものです。

③話を遮らない、中断させない

感情を受け止めてほしいと言われた場合、できるだけ話を遮らずに最後まで聴くように心がけたいものです。気持ちが不安定なときは、話が行ったり来たり、要領を得ないこともあるでしょう。ついつい、「ちょっと待って」、「それは誰の話？」、「で、誰がどうしたの？」などと、自分が聞きたいことを質問したくもなるでしょう。しかし、たびたび話の腰を折られると、話す気持ちが失せてしまいます。話している途中で、「あ、わかった」と何かに気づき、自己完結することもありますが、それは安心して語れる相手、安全な環境で話せたことの最大の効果です。家族の誰かの話を聴くときには、自分自身もリラックスして、「緑の状態」で相手の話を受け止めたいものです。

なお、この「話を遮らないこと」は、子どもとの会話

でも特に大切にしたいことのひとつです。あなたは子どもの話を聴くときにどんなことを意識しているでしょうか？　ついつい、「正しいか／間違っているか」、「いいか／悪いか」といった軸でジャッジしがちではないでしょうか。「そうじゃないよ」、「それは良くないよ」、「それじゃよくわからないよ」などと合いの手を入れて、子どもが一番伝えたいことや子どもの感情がどこかへ行ってしまったという経験は、どの親子にも見られることでしょう。こうした経験を積み重ねると、子どもは親との会話を楽しめなくなってしまいます。できるだけ話を遮らずに最後まで聴くことを心がけたいものです。

④視覚的な媒体（カード）を活用する

特に子どもは、自分の感情を的確に表すボキャブラリーが少ないうえに、すぐに気持ちと言葉を結びつけることができず、「話せない」ということが起こりがちです。そうしたときに、さまざまな感情を書いたカードを並べ、「〇〇の気持ちは、このカードのなかにあるかな？」と問いかけ、選んでもらい、さらにそれについて会話を交わすことで子どもの感情を受け止めることができます。モヤモヤと自分のなかにくすぶっていた感情に名前をつけ外在化できたことで、子どもの気持ちが整理できるという側面もあります。

また感情から一歩進んで、「ニーズ」のカードを並べ、

「そのとき、どうしてほしかった？ どうなればよかったと思う？」と問いかけ、カードを選んでもらえば、「〇〇を望んでいたけどそうならなかったから××っていう気持ちになったんだね」と、子どもとの会話をさらに深めることができます。

こうした視覚媒体を用いた感情に関する会話は、必ずしも子どもに限ったものではなく大人にも活用することができます。こうした工夫によって感情をやり取りし、感情を受け止め合うことは、対等で共感的なコミュニケーションを深めることにつながります。

対等で共感的なコミュニケーションのために

それでは最後に、対等で共感的な家族とのコミュニケーションを継続させるうえで特に大切にしたいポイントについてお話ししていきます。それは、頭文字を取って「あ・い・か・も・よ」にまとめることができます。

あ：挨拶／謝る
い：いたわり
か：感謝
も：文句はリクエストに変える
よ：よけいな一言を言わない

1)「あ・い・か・も・よ」の「あ」

「あ・い・か・も・よ」の「あ」の一つめは、ズバリ挨拶の「あ」です。

皆さんは、パートナーや子どもとどの程度、挨拶の言葉をかけ合っているでしょうか？

家族の間でそんな他人行儀なことは必要がないと思われるかもしれませんが、「挨拶」は、互いの存在、人権を認め尊重しているという意思表示です。「親しき中にも礼儀あり」とはよく言ったもので、あえて「他人性」を入れることで、家族のなかにほどよい緊張感を保つことができます。また、挨拶は、関係をリセットする道具にもなります。夜にパートナーとやり合って少し気まずい気分で朝を迎えても、「おはようございます！」と挨拶を交わし合うことでずいぶんと雰囲気を変えることができます。子どもには挨拶の大切さを教えても、パートナーとはほとんど挨拶を交わさないという方もいらっしゃるかもしれません。パートナーとこそ、日々の「愛情貯金」を殖やす必要があります。年に一度の誕生日のプレゼントよりも、毎日の挨拶の積み重ねのほうが実は効力を発揮するものです。場合によっては70年近くにもなる長い共同生活。常に気持ち良く挨拶ができる関係を築き継続させていくことはひとつの目標になるのではないでしょうか。

「あ・い・か・も・よ」の「あ」の二つめは、「謝る」の

「あ」です。

　お互い人間同士ですから、図らずも相手との約束を破ってしまったり、期待を裏切るようなことがないとも限りません。その際に大切にしたいことは、早めに自分の非を認め「謝る」ことです。

　「うちの夫は、本当に謝らない人で……。謝ると自分の価値が下がるとでも思っているのか、ホントに謝らないんですよね……」と嘆く女性にも少なからず出会ってきました。「謝ってもらえないと、ほんの小さなことでもすべてがうやむやにされたようで、すごく気持ち悪いというか……。大喧嘩するほどのことではないけれど、軽くボディブローをくらった感じで、モヤモヤが雪だるまのように膨れちゃう」。そう話す人もいました。「何となく言いにくい」、「いちいち謝らなくても許してくれるだろう」というのは、甘えにほかなりません。そして、謝るべきときに謝らないというのは、相手の人権を軽視していることにつながり、大切な「愛情貯金」の残高をどんどん減らしてしまいます。人は誰でも過ちをおかす存在です。しかし、その過ちに責任をもつ権利を有していることは、2章でも述べたとおりです。謝ることを「義務」としてではなく、自分に与えられたリカバリーするための権利として使うことで、自分の人権も相手の人権も尊重できるのではないでしょうか。

2)「あ・い・か・も・よ」の「い」

「いたわる」の「い」です。自分も相手もいたわり、そして家庭がいたわり合う空間でありたいものです。

自分に対する「いたわり」については、自己共感やセルフ・コンパッションという考え方を紹介しました。ぜひ、自分のなかに自分をいたわってくれるもう一人の自分のスペースを確保してください。

自分が満たされていれば、パートナーや子どもをいたわる心の余裕も生まれてきます。「お疲れさま」、「疲れたでしょう」、「大変だったね」、「少し休んでね」、「頑張りすぎてない？」、「身体が心配。大事にしてね」。皆さんは、そんな言葉をごく日常的に家族メンバーにかけているでしょうか。例えば、思いがけず仕事で遅くなり、急いで仕事から帰ったとき、パートナーから「お疲れさま、この時間まで大変だったね」と声をかけられれば、疲れも一気に吹き飛ぶのではないでしょうか。「この時間まで何してたのよ！こっちのことも少しは考えてよ」と言われるのとでは雲泥の差です。

対等で共感的なコミュニケーションを実現させるためには、互いに相手の状況を推察し慮る想像力が必要です。いたわりねぎらうことは、そうした想像力の具体的な表現でもあります。

なお、いたわりやねぎらい。実は子どもにこそかけてほ

しい言葉です。子どもは、周囲の大人の期待に応えようと無意識のうちにも日々、頑張っているのではないでしょうか。「疲れたら休憩していいんだよ」、「一生懸命やれたね。疲れたでしょう」、「頑張ったんだよね。知ってるよ。本当にお疲れさま」そんな言葉とともに子どもの努力を精いっぱいねぎらいたいものです。

3)「あ・い・か・も・よ」の「か」

「感謝」の「か」です。

「ありがとう」を伝えることは、相手の存在に対する敬意を示すことです。「ありがとう」という感謝の言葉は、家族の関係性の潤滑油になることは誰も否定はしないでしょう。しかし、「ありがとう」と「ごめんなさい」をきちんと伝えることは意外と難しいのです。漠然と「気恥ずかしい」、「照れくさい」という方もいれば、「相手が言うならわかるけど……」、「そんなこと言ったら負け」だと感じる方もいるかもしれません。もしあなたが相手との関係を変えたいと思うのならば、ぜひ次ページのエクササイズをやってみてください。

こうして落ち着いて考えてみると、意外と自分のためにしてくれていることが多いこと、また普段は改めて感謝の言葉を伝えることもなく流していることがあることに気づくかもしれません。ほんの小さなことでも、「これは助かってるな」と思ったことについては、ぜひ「○○してくれ

パートナーに感謝を伝えるエクササイズ

1. パートナーがあなたのためにしてくれていることを10個書いてください。
例1　朝、笑顔で「いってらっしゃい」と言ってくれる。
例2　重い荷物を持ってくれる。
2. パートナーに感謝していることや「ありがとう」という気持ちはあっても、普段は感謝を伝えていないことを10個書いてください。
例1　朝のゴミ出しをしてくれること。
例2　毎日おいしい食事を作ってくれること。
1と2のなかで、もしパートナーに直接言葉で伝えるとしたら、どれを選びますか？　それぞれ一つずつ選んでください。そして、それを実際に伝えるとしたら、どのように伝えますか？　セリフをつくってみてください。

野末武義『夫婦・カップルのためのアサーション、自分もパートナーも大切にする自己表現』金子書房、2015年、147-148ページ。一部改変

てありがとう」と、具体的な事実を示して気持ちを伝えてみてください。それが相手を尊重するということであり、愛情の示し方のひとつです。相手から期待するような反応が返ってくるとは限りません。それは自分にはコントロールできないことだからです。それでも、あなたのなかには、関係性を強めるためのこれまでにはない「一歩踏み出した感覚」が残るのではないでしょうか。

なお、パートナーだけではなく、子どもに対して感謝を伝えるのも大切なことです。子どもに対しては、説教や小言、指示といった言葉かけが多くなりがちですが、子ども

の行動でどんな小さなことでも、あなた自身が助けられたと感じたことがあれば、必ず具体的な行動を取り上げて「ありがとう」と感謝の言葉をかけるのが礼儀です。なお、感謝の言葉のつもりが、いつしか「もっとやってほしい」と子どもをコントロールする言葉になっていないか注意が必要です。

4)「あ・い・か・も・よ」の「も」

「あ・い・か・も・よ」の「も」は、少し長いですが、「文句はリクエストに変えて」の「も」です。

生活を共にする家族の間では、些細なことで摩擦が生じます。「ハサミを使ったら所定の場に戻す」、「靴下は伸ばしてから洗濯機のなかに入れる」、「スポンジはしっかり水を切っておく」そんなルールが破られるとき、無性に腹が立ち、非難したり文句を言いたくなったりするものです。しかし、「いつも言ってるでしょ！」、「やめてよ！」、「何でわかんないの！」と相手を責めても、その言葉はほとんど届かず、「うるさいなぁ」とお決まりの言葉が返ってくるだけです。文句を言う代わりに、どうしてほしいのか、明確にリクエストをしたほうが、はるかにあなたの意思は伝わりやすいでしょう。人は「文句」に対しては、どうしても防衛的になってしまうからです。

もしも冷静に、「ハサミはここに戻してくれると次に使うときに探さなくていいから助かる」、「靴下は伸ばして洗

濯機に入れておいてもらえると、よごれも落ちるし、干すときにもいちいち延ばさなくて済む」と伝えてみるのはどうでしょう。数回伝えても改善されないようならば、あなた専用のハサミを確保し、相手の丸まったままの靴下はそのまま洗い、丸まった塊のまま干すことにしましょう。相手の靴下は相手に管理責任があります。相手の靴下の管理について文句を言うのはバウンダリーの侵害です。そしてあなたには、相手の権利を侵さない限りにおいて、快適な生活を送る権利があるのです。

5）「あ・い・か・も・よ」の「よ」

「あ・い・か・も・よ」の「よ」は、「余計な一言を言わない」の「よ」です。例えば、「わかればいいのよ」、「まぁ、どうせ……だと思うけど」、「だから言ったじゃないか」、「まぁ、せいぜい頑張ってみれば」というような何気ない一言ですが、そこには相手を混乱させたり相手の怒りを呼び覚ます計り知れない破壊力が込められていることがあります。いずれも非主張的でありながらも攻撃的であることが特徴です。「えっ？　それ、どういう意味？」と蒸し返されて大喧嘩になったことはありませんか？　対等で共感的なものとはかなり距離のあるコミュニケーションと言えるでしょう。

　一概には言えませんが、自分自身が不本意ながら仕方なくその場を収めなければならないとき、最後に自分の優位

性を示しておかなければ気が済まないといった場面で発せられることが多いようです。親子の会話でこのような言葉が発せられると、子どもは、いったい何を信じて良いのかわからず混乱することがあります。塾に通ってもらいたいと願う親が、サッカー部に入りたいという子どもに、子どもの熱意に負けていったんは賛成したものの、最後に、「まぁ、どうせ長続きしないと思うけど、せいぜい頑張ってみれば」と言葉をかける、などです。子どもには、部活に入っていいのか、いけないのか、混乱したモヤモヤした気持ちが残るでしょう。特に子どもと話す場合には、複雑な気持ちに自己共感することでモヤモヤを収め、自己一致していることが大切です。

参考文献
野末武義『夫婦・カップルのためのアサーション：自分もパートナーも大切にする自己表現』金子書房、2015年
こど看『児童精神科の看護師が伝える 子どもの傷つきやすいこころの守りかた』KADOKAWA、2023年
ダイアログカード for All ～「願い」と対話する https://dialogcard.base.shop
子どもニーズカード https://kodomoneeds.base.shop

第5章のまとめ

1　そもそもコミュニケーションは、その構造から多かれ少なかれズレを生むものです。特に家族においては、家族であるという身内意識や相手への決めつけ、あるいはバウンダリーが曖昧になりやすいこと、そして曖昧な喪失による感情の揺らぎなどの家族ならではの特徴によって、いっそうコミュニケーションのズレが起こりやすいと言えます。

2　家族メンバー間のコミュニケーションにおいて、めざしたいのは、対等で共感的コミュニケーションです。パートナーとの間だけではなく、親子間においても全く同様です。親や大人は、「子どもが親や大人の言うことや考え方に従うのは当然」という考え方を手放す必要があります。そして、子どもの気持ち、関心や興味、自主性を尊重し、自分とは別人格である子どもと、「人と人として心が通じ合っている」と感じられる時間を積み重ねることを大切にする必要があります。

3 　家族間のコミュニケーションのカギは「感情」にあります。まずは何と言っても自分の感情を粗末にしないこと、共感すべきはまず自分自身であること、自己共感やセルフ・コンパッションの大切さを忘れてはならないでしょう。

4 　自律神経をより良い状態に保つことによって感情を整えることができれば、家族メンバーとのコミュニケーションを良好に保つことができます。自律神経と感情や行動との関係を示した「ポリヴェーガル理論」を紹介しました。

5 　「感情」をいかに適切に伝え、受け止め合うか。そのためのポイントを紹介しました。伝え方として、いかに「私メッセージ」の達人になるか、そして、①リポートトークとラポートトークの両者を使い分け、②最初にニーズを伝える、③話を遮らない、中断させない、④視覚的な媒体（カード）を活用することについて述べました。

6 　家族とのコミュニケーションの留意点の頭文字をとって、「あ・い・か・も・よ」を紹介しました。

ミニワーク

1 日頃の家族とのコミュニケーションについて振り返ってみましょう。「このくらいのことは家族なのだから言わなくてもわかるだろう」といった身内意識による甘えや、「この人はどうせ……だから」といった決めつけがコミュニケーションを阻害していることはないでしょうか？　また、ついつい自分の、そして相手のバウンダリーを軽視してしまうことが、コミュニケーションに影響していることはないでしょうか？

2 家族メンバーとの日頃のコミュニケーションが、対等で共感的なものであるか振り返ってみましょう。パートナー間はどうでしょうか？　親子間はどうでしょうか？　可能ならば、パートナーと話し合ってみましょう。

3 日頃、家族の誰かと話しているときに、怒りや苛立ち、落胆などの感情がこみ上げ、落ち着いて話を聴いたり話したりすることができない局面がきっとどなたにでもあると思います。そのようなときに、自己共感やセルフ・コンパッションをぜひ試してみ

ましょう。可能ならば、パートナーにも伝えて、共有してみましょう。

4 　感情と自律神経の状態について意識的に観察してみましょう。イライラしているときに、「いま、赤になってる」とか、リラックスできているときに、「いま、緑だな」という具合に。そして、何をすると自分がより「緑」になれるのか、自分の処方箋を見つけてみましょう。

5 　家族とのコミュニケーションで、「私メッセージ」を意識して使ってみましょう。また、①リポートトークとラポートトークの両者を使い分け、②最初にニーズを伝える、③話を遮らない、中断させない、④視覚的な媒体（カード）を活用するなど、試せるものにチャレンジしてみましょう。最初からうまくはいかないかもしれませんが、ひとつの「実験」だと考えて取り組んでみましょう。

6 　「あ・い・か・も・よ」について家族メンバーと共有してみましょう。どんな感想が聴けるでしょうか？　特に皆で意識してみたいものについては、家族のルールに加えてみましょう。

あとがき

　その日、思いがけなく車のラジオから聞こえてきたのは、どこか幼さの残る若い男性の声でした。人生相談のコーナーに若い男性が登場するのはめずらしいことなので、耳をそばだてて聞いていると、相談内容は、「母親との関係を修復したい」というものでした。その男性は、幼い頃から母親に気の進まない習いごとや学習塾に無理やり通わされ、成績が下がると強く叱責されるなど、何かとつらい体験を重ねてきたとのこと。今年、社会人になって自宅を出ることができ、母親と距離が取れたとほっとしたのもつかの間、母親は頻繁にSNSでメッセージを送ってくるようになったそうです。男性は、母親を自分のマンションにだけは入れたくないと思っていましたが、断り続けたことで母親は「大切に育ててきたのに、こんな仕打ちをされるなんて」と泣いて取り乱し、最近では体調を崩したという連絡も増えたとのこと。男性は、母親との距離は取りたいけれどつらい思いはさせたくない、距離を取りつつ母親との関係を修復する方法はないかと、困惑した様子で話していました。

　男性は、まだ23歳。社会人1年目。困りはて、誰にも相談することができず、匿名が許されるラジオの人生相談に辿り着いたのではないでしょうか。友人にも、もちろん

職場の上司にも気軽に相談できず、悶々としている様子が、どこか弱弱しい声から伝わってきました。

「何て優しい人なんだろう」

そうつぶやいて固唾をのんで待っていた回答者の第一声に、私は耳を疑ってしまいました。苦しんで、やっと助けを求めてきた男性です。ここで心に新たな傷を負ってほしくはない。正直、聞いているのが心底つらくなり、私は思わず途中でチャンネルを変えてしまいました。

もし私が相談されたとしたら、その男性の苦悩の日々をまずはねぎらいたくなるでしょう。そして、母親がいかに取り乱そうとも、あなたが母親から離れたいという気持ちは至極まっとうなものであり、自分の気持ちを大切にすることこそが一番重要だと語気を強めることでしょう。情けないのでもわがままなのでもなく、それが自分に誠実に生きるということなのだと。母親との関係を修復したいといういまの気持ちにもう一度向き合って、それが他の誰かの目を意識したり、母親への罪悪感からくるものではないのか、そこを考えてみることを勧めるでしょう。

その男性は、幼い頃から母親には、自分の意見にほとんど耳を傾けてもらえず、基本的人権であるアサーション権を侵されることが多かったようです。一方で母親は、男性の感情的バウンダリー、精神思考的バウンダリーを侵害し、男性をコントロールしてきました。そして今回は、男性が

あとがき

せっかく手にした空間的バウンダリーをも侵害しようとしているのです。涙を見せ、体調不良を訴える母親は、一見、弱っているようにも見えますが、弱みを武器に強く男性に迫っており、心理的にも距離を詰めてきていると考えられるのではないでしょうか。

　こう考えてみると、母親が「悪者」のように見えますが、母親には母親の物語があることでしょう。男性が幼かった頃からこれほどまでに執着せざるを得なかった背景があると思われます。そして、長年、自分の手の内にあった息子が家を出たことは、母親にとっては大きな喪失。その痛みから何とか逃れようとする渾身の試みが、息子を手繰り寄せようとする頻繁なメッセージに違いありません。母親には、息子以外に心を満たすもの、そして支えになるものもなく、アドバイスしてもらえる親しい人もいないのかもしれません。

　母親の男性に対する強い思いに巻き込まれないように、「私は私、あなたはあなた」という関係を確立することが男性と母親の課題です。関係を修復し、元の鞘に収まるのではなく、新たな関係性を築くことが求められているのです。そのためには、男性が自分はどうしたいのか、自分のなかにどのようなニーズがあるのかを摑み、「お母さんには感謝しているけれど、いまは、距離をとって見守っていてほしい」と、きっぱりと何度でもバウンダリーを引き直すことが必要でしょう。そして、SNSでの連絡など、親

子のルールを設けることも必要かもしれません。

　というようなことを、回答者になりきったつもりになって考えていました。それにしても、こうした家族関係に関する悩みの相談は、相談された側の価値観、人生観やこれまでの体験に左右されるものだと痛感しました。男性が母親にコントロールされてきたように、回答者にコントロールされなければいいけれど……、そんな思いも胸をよぎりました。

　もしも自分が家族関係で悩みを抱えたときに、絡まり合った糸をほぐして自分で解決の道を見出していただけるように、そして、誰かの相談にのるときの考え方の整理ができるようにと願って、今回本書を上梓しました。本書は、私が校長を務める「かぞくのがっこう」の基礎コースの一部を書籍化したものです。書籍化にあたっては、大切なポイントに絞ってできるだけわかりやすくお伝えすることに主眼を置いて書き進めてまいりました。皆さんのご期待に沿うものであればうれしく思います。

　いま、つくづく思うのは、家族は生き物だということです。一人ひとりを尊重し、適度な距離を保ち、互いに温かな関心を向けて支え合うことができれば、何にも代えがたい大きな力を発揮する一方で、関係がこじれ歯車が狂うと、

究極的には生きる力さえ奪われかねない修羅場と化してしまう、それが家族です。生き物ですから、常に細やかな関心を向け、メンテナンスが必要なことは言うまでもありません。

その日常のメンナンスについて、今回、アサーション権、バウンダリー、メタ認知や俯瞰、ポリヴェーガル理論、NVCなどの考え方をもとに述べてきました。何かひとつでも、ヒントを見つけていただき、読者の皆さんの「なりたい家族」の実現にお役に立てたなら幸いです。

最後に、本書の出版にあたり、ともに「かぞくのがっこう」の運営に関わってくださったNPO法人日本家族関係・人間関係サポート協会の会員、賛助会員の皆さん、受講生の皆さん、NPO法人設立に向けて背中を押してくださった起業ひふみ塾の皆さんに感謝申し上げます。

そして、思えば、出版を願いながらもなかなかご縁が得られずにいたところ、現代書館の原島康晴さんが、今回の出版の機会を与えてくださいました。このご縁がなければ本書が世に出ることはなかったと思います。改めて、心からの感謝とお礼を申し上げます。

2025年2月吉日
渡辺裕子

渡辺裕子（わたなべ・ひろこ）
NPO法人日本家族関係・人間関係サポート協会理事長。
千葉大学大学院看護研究科修士課程修了。保健師、大学教員を経て「家族ケア研究所」設立。学生や看護師を対象とした講義・講演活動、月刊誌の発刊により、家族看護の実践・教育、普及に努める。
NPO法人設立を機に、30年に及ぶ家族看護に関わる体験をもとに一般市民への家族に関する教育・啓もう活動をスタート。現在、「かぞくのがっこう」校長を務める。
著書に『看取りにおける家族ケア(家族ケアの技を学ぶ1)』(医学書院、2005年) など。共編者に『家族看護学　理論と実践　第5版』(共著書、日本看護協会出版会、2019年)、『家族看護を基盤とした地域・在宅看護論　第6版』(監修、日本看護協会出版会、2022年) など多数。

こじらせない家族
アサーションとバウンダリーから学ぶ正しい距離の保ち方

2025年3月31日　第1版第1刷発行

著　者	渡辺裕子
発行者	菊地泰博
発行所	株式会社現代書館
	〒102-0072　東京都千代田区飯田橋3-2-5
	Tel: 03-3221-1321　FAx: 03-3262-5906
	振替 00120-3-83725
印刷所	平河工業社 (本文)
	東光印刷所 (カバー、帯、表紙、扉)
製本所	村上製本所
装　丁	藤田美咲
イラスト	井桁裕子

校正協力/高梨恵一
© 2025 WATANABE Hiroko
ISBN978-4-7684-5973-7
定価はカバーに表示してあります。乱丁・落丁本はおとりかえいたします。
http://www.gendaishokan.co.jp/

本書の一部あるいは全部を無断で利用（コピー等）することは、著作権法上の例外を除き禁じられています。但し、視覚障害その他の理由で活字のままでこの本を利用できない人のために、営利を目的とする場合を除き、「録音図書」「点字図書」「拡大写本」の製作を認めます。その際は事前に当社までご連絡ください。また、活字で利用できない方でテキストデータをご希望の方はご住所・お名前・お電話番号・メールアドレスをご明記の上、右下の請求券を当社までお送りください。

活字で利用できない方のための
テキストデータ請求券
『こじらせない家族』

現代書館の本

家族は他人、じゃあどうする?
子育ては親の育ち直し
竹端寛 著

42歳で父になった福祉社会学者が、ままならない育児にジタバタする日々をさらけだしたエッセイ。思い通りにならない（してはいけない）妻・娘との対話から、自分の中の「男性中心主義」に気づき、ケアの世界にたどり着くまでの記録。
1800円＋税

いま読む！名著　家族ゲームの世紀
夏目漱石『明暗』を読み直す
飯田祐子 著

漱石は、社会の急速な変化と私的領域の軋轢が最も顕著に表れる「家族」を注視し続けた。漱石研究者で、フェミニズム、結婚、家庭に関する著作も多く執筆している飯田祐子氏が、変質していく「家族のありかた」を、漱石の視点を基に考察。
2200円＋税

加害者家族バッシング
世間学から考える
佐藤直樹 著

日本の重大犯罪の加害者家族は自死する者も多い。「世間」から責められる。西洋諸国には存在しない現象だ。本書は、加害者家族のバッシングを「世間」という補助線を引いて考えてみた。そして加害者家族が苦しまない方法をも考察する。
1800円＋税

予防接種のえらび方と病気にならない育児法［新訂版］
黒部信一 編

病気は人間と環境の相互作用で発生するという「病原環境論」に基づく小児医療を実践。予防接種の問題点をワクチン別に検証し、免疫力を高めて病気を防ぐ育児法を提唱する。子ども特有の症状や対処方法の解説も豊富で、最新データも追加。
1400円＋税